légendes et récits de paris

Nathalie Tournillon

légendes et récits de paris

éditions ouest-france

© 2003, Édilarge S.A. – Éditions Ouest-France, Rennes

SOMMAIRE

Les origines mythiques de Paris 13
① L'Homme rouge des Tuileries 17
② Le moine bourru.. 23
③ Le puits d'Amour... 29
④ La malédiction des Templiers............................ 35
⑤ Les quatre fils... 41
⑥ Petit arrangement avec les âmes 47
⑦ Comment Cartouche devint le prince des voleurs 53
⑧ Le masque de velours 63
⑨ Le chien de Montargis 69
⑩ Héloïse et Abélard 75
⑪ La fidélité.. 83
⑫ Le terrible secret des délicieux pâtés
de la rue des Marmousets 87
⑬ Les pentures diaboliques de Notre-Dame........ 91
⑭ La leçon du Pont-aux-Ânes............................... 97
⑮ L'incendie du Petit-Pont 101
⑯ La chèvre et le Napolitain 105

- ⑰ La prière 111
- ⑱ Le puits qui parle 117
- ⑲ Saint-Marcel et le dragon... 123
- ⑳ Les amants de la tour de Nesle 127
- ㉑ Le diable Vauvert... 133
- ㉒ Les racontars de la tour Eiffel.................................. 137
- ㉓ Le bal des Ardents 143
- ㉔ D'où Jean Gobelin tira le secret de l'écarlate 147
- ㉕ L'arbre de Modigliani 155
- ㉖ La mort du géant Isoré 161
- ㉗ Bicêtre est maudit 169
- ㉘ Le moulin de la Vierge 175
- ㉙ Saint Denis 181
- ㉚ L'amour d'un troubadour... 189

Postface 193
Bibliographie 197

« Le vrai est ce qu'il peut, le faux est ce qu'il veut. »
Madame de Duras

« Ainsi se font peu à peu les légendes,
avec des débris de vérités. »
Édouard Fournier, *Énigmes des rues de Paris*

LES ORIGINES MYTHIQUES DE PARIS

Un fleuve dont les bras enserrent un chapelet d'îles refuges, un marécage protecteur, des forêts généreuses tout autour : voilà le site primitif de Paris, sa raison d'être. Sans cela les hommes auraient peut-être passé leur chemin. Mais non, ils s'arrêtèrent, et cela dès le IVe millénaire avant Jésus-Christ.

Quelques milliers de siècles plus tard, au IIIe siècle avant notre ère, une tribu celte au nom riant de Parisii s'installe sur la future île de la Cité et y fonde son « chef-lieu » : *Lutecia*. Ce n'est pas encore une ville, mais un oppidum, lieu de défense, de culte, de commerce, bref, de pouvoir. Jules César est le premier à le désigner par écrit dans la *Guerre des Gaules*. Même s'il n'a pas assisté en personne aux combats, il raconte comment Labienus, son lieutenant, a conquis Lutèce. Dans la plaine de Grenelle, les Gaulois ont combattu jusqu'à la mort de leur chef, Camulogène. Les Romains reconstruisent la ville, elle atteindra son apogée au IIIe siècle pour subir, ensuite, les attaques des Barbares.

Mais revenons à l'étymologie de Lutèce. Selon Gilles Corrozet, un certain Lucus (ou Luce), descendant de

Noé (!), serait devenu roi des Celtes et aurait fondé une ville : Lutèce ou Lucotece. Pour certains, Lutèce viendrait de *luto*, « boue », « fange », car le site était alors bordé au nord de marécages. Pour d'autres, elle tirerait son nom du grec, *leuxos* (« blanc »), car l'assiette de la ville est totalement blanche avec d'un côté ses carrières et de l'autre ses plâtrières. On se régale de l'interprétation qu'en fait Rabelais qui nomme la ville « Blanchette, pour les blanches cuisses des dames dudit lieu ».

On ne sait dater exactement quand Lutèce devient Paris. Vers le IIIe siècle, « Lutèce » se perd au profit de « cité des Parisii ». Les historiens s'accordent à dire que « Paris » vient du nom de cette tribu gauloise. Trop simple, trop modeste pour une Ville lumière qui se doit d'avoir un mythe fondateur. Alors, pour surpasser Rome, elle s'en invente plusieurs.

Paris.

Raoul de Presle nous renvoie l'écho de la croyance la plus en vogue au XVe siècle. Celle du Paris aux origines troyennes. Francion, fils d'Hector, petit-fils de Priam, fuit Troie après la guerre légendaire. Il s'arrête en Hongrie pour y fonder Sicambre. Mais la croissance de la population est telle qu'au bout de deux siècles, la Hongrie ne suffit plus aux Troyens. Conduits par un chef nommé Iboz, ils traversent la Germanie et le Rhin pour s'établir sur une île de la Seine « et pourcequ'ils le virent gras, abondant, délectable, plantureux et bien assis pour y habiter, y firent et fondèrent une cité laquelle ils appelèrent Lutèce, *a luto*, c'est-à-dire boue ou graisse de terre, pource que lacdite isle estoit remplie de toute fertilité ».

Ils s'appelèrent Parisiens, pour Pâris, fils du roi Priam, et c'est en son honneur que plus tard le nom de Lutèce sera changé pour celui de Paris.

Un autre mythe rattache la fondation de Paris au passage du demi-dieu Héraclès sur ses terres. Pour accomplir le onzième des douze travaux commandés par Eurysthée, Hercule doit se rendre en Espagne pour y cueillir les pommes d'or du jardin des Hespérides. Mais avant d'aller combattre le dragon espagnol, Hercule fait une halte sur une île, l'actuelle île de la Cité. Il prend tant de plaisir à cette pause qu'il décide de la prolonger, commence à bâtir quelques maisons. « Puis voulant passer oultre pour parfaire ses entreprises et ses conquestes, laissa en ladicte isle une bende et compagnie de ses gens darmes et vassaulx qui Parrisient estoient nommez selon le nom de leur pays, qui est en Grece du coste de Asie Parasia nommee. »

D'autres enfin lient Paris au culte d'Isis, déesse égyptienne qui aurait été adorée à Lutèce. « Paris » ou « Para Isis », c'est-à-dire proche du temple d'Isis sur les ruines duquel s'élève, dit-on, l'église de Saint-Germain-des-Prés. L'abbé du Breul, en 1612, reprend cette idée : « Au lieu où le roy Childebert fit construire l'église Saint-Vincent, à présent dite de Saint-Germain, et à laquelle il donna son fief d'Issy, la commune opinion est, qu'il y avoit le Temple d'Isis, femme de Osiris, autrement dit Jupiter le Juste, et que d'icelle le village d'Issy a pris son nom. »

Isis a-t-elle vraiment reçu un culte en Gaule ? La question est toujours débattue. Isis, déesse de la fécondité bienveillante et garante de bonne fortune, a peut-être rassuré les hommes en période trouble. La légende de son attachement à Paris se diffuse au XIVe siècle, moment où la ville en rupture avec son roi a besoin de s'ancrer dans un passé plus ancien. Mais c'est au XVIIe siècle qu'elle est la plus populaire : les plans de la ville ne manquent plus de mentionner les temples d'Isis. Chaque statue de femme trouvée est identifiée comme une statue de la déesse égyptienne, telle la tête de bronze découverte dans le jardin de Saint-Eustache (en réalité la déesse Diane) qui ouvrira une polémique qui restera vive durant des siècles et des siècles.

L'HOMME ROUGE DES TUILERIES

Le jardin des Tuileries ceignait autrefois un palais, caprice de Catherine de Médicis qui souhaitait vivre non loin du Louvre tout en étant indépendante. Pendant trois siècles, les rois s'y succédèrent avec plus ou moins de constance. Puis, en mars 1871, sous la Commune, un incendie éclata et le dévasta en trois jours. Il ne subsista rien du château si ce n'est quelques pierres noircies et une légende. Celle de l'Homme rouge, qui réapparaissait dans les périodes troubles pour avertir les maîtres des Tuileries qu'un malheur les menaçait.

Jean se releva sans comprendre. Il regarda ses mains, elles étaient couvertes de sang. Une douleur atroce le traversait de part en part, écho lancinant de l'épée qui venait de lui transpercer le ventre. Il n'osait regarder sa blessure, alors il leva les yeux sur son assassin. Il le connaissait bien, trop bien sûrement. Neuville. L'homme de main de la reine. Catherine de Médicis et ses secrets. Il avait par malheur surpris une conversation et il payait maintenant cette indiscrétion.

Il ne supplia pas son meurtrier lorsqu'il asséna le deuxième coup. Jean en tombant savait qu'il n'en sortirait pas vivant. Le nez au sol, baignant dans son propre sang, il hurla : « Je reviendrai. » Il fallut un troisième coup, dans le dos comme il se doit, pour réduire l'homme au silence.

Neuville s'en alla, dégoûté. « Coriace, l'écorcheur », pensa-t-il en essuyant quelques taches sur son vêtement. Il rentrait au château pour rendre compte à la reine du bon déroulement de sa mission quand il sentit une présence derrière lui. Il se retourna. Ne vit rien. Si, quelques taches de sang sur le sol. Il s'approcha, se baissa. Des traces de pas, rouges, ensanglantées, mêlées aux siennes encore apparentes dans le sable souple du jardin des Tuileries. « Bah, un écorcheur qui sera sorti de l'abattoir après avoir tué une bête. » Il reprit le chemin du château. « Criss, criss. » Quelqu'un le suivait, il en était sûr. Les empreintes rouges étaient à deux pas des siennes mais toujours personne en vue. Tout à coup victime de sueurs froides, Neuville rentra en courant au palais et totalement paniqué se précipita aux pieds de la reine pour lui conter son aventure.

La reine rit de sa peur. « Mon pauvre Neuville, il est temps de changer de fonction si vous croyez aux fantômes… » Elle le rassura : « C'est à coup sûr l'un des hommes qui travaille à l'abattoir qui se sera amusé à vous faire peur. » Elle acheva de le réconforter en lui jetant une bourse lourdement garnie.

Quelques jours plus tard, la reine attendait son astrologue, Cosme Ruggieri, comme à son habitude dans le petit salon. Dix heures avaient sonné et elle commençait à s'inquiéter du retard de cet homme toujours ponctuel. Elle était impatiente de lui annoncer qu'elle était d'accord pour lui faire construire une colonne et qu'il pourrait ainsi observer les astres de plus près et affiner ses prédictions.

La porte s'ouvrit sur un Ruggieri livide. Il s'avança vers Catherine, se laissa tomber dans un fauteuil à ses côtés et, lui prenant les mains, approcha sa bouche de son oreille et chuchota : « J'ai eu une vision terrrrrible… »

Les mains de Catherine se glacèrent.

— Cette nuit, alors que je travaillais sur votre horoscope, une torpeur soudaine a brouillé mes sens. J'ai pensé au vin de Florence mais je n'en avais pas bu au repas. Soudain, une brume rougeâtre a envahi la pièce, elle s'est étalée planant au-dessus du tapis, je ne voyais plus mes pieds, puis elle s'est rassemblée en une forme allongée au sommet de laquelle est apparu un visage. Une voix est sortie d'une espèce de bouche : « Avertis la reine qu'elle a commis un crime de trop. Qu'elle quitte les Tuileries ou je ne lui laisserai plus de repos. Dis-lui également qu'elle n'échappera pas à son destin : elle mourra près de Saint-Germain. »

— L'écorcheur, murmura la reine.

Elle pria l'astrologue déboussolé de la laisser seule sans lui donner plus d'explications. Sa peur, elle ne l'avait jamais montrée à personne. Cela aurait pu se savoir et rendre leur audace à ses ennemis.

« Suis-je trop cruelle ? » se demanda-t-elle pour la première fois. Les journées de la Saint-Barthélemy remontèrent comme une bouffée d'air fétide. Elle se leva pour aérer la pièce et faire fuir ces souvenirs déplaisants quand une torpeur soudaine s'empara de ses sens. Sa vue se brouilla et un curieux brouillard couleur rouille l'enveloppa. Des visages faméliques et grimaçants se formèrent et s'approchaient d'elle tour à tour comme pour la mordre. Ils criaient, ils hurlaient à ses oreilles : « Assassin, assassin, tu nous rejoindras bientôt. » Ils s'évanouirent comme un mauvais rêve. Il ne resta plus dans la pièce que la reine, à demi évanouie sur le sol, et un homme, le spectre de Jean, rouge sang.

Catherine de Médicis poussa un cri qui ameuta ses femmes. Celles qui la prirent dans leurs bras pour la coucher l'entendirent murmurer : « L'Homme rouge. »

Le lendemain la reine quitta les Tuileries et on ne l'y revit jamais.

En fuyant les Tuileries, la reine pensait également s'éloigner de l'église Saint-Germain-l'Auxerrois et échapper ainsi à la terrible prédiction de l'Homme rouge. Sa superstition démesurée l'empêcha également de fréquenter désormais le château de Saint-Germain-en-Laye. Pourtant, malgré ces précautions, la prédiction se réalisa. En 1588, malade et détestée, la reine se retira à Blois. En janvier 1589, sentant la fin approcher, elle reçut l'extrême-onction. Voyant le jeune prêtre pour la première fois, elle lui demanda son nom. « Julien de Saint-Germain, Majesté ». Cette réponse l'acheva.

La carrière de l'Homme rouge des Tuileries ne s'arrête pas là. On dit qu'il apparut à Marie-Antoinette alors que la famille royale était enfermée aux Tuileries avant d'être emprisonnée au Temple.

Napoléon, à la veille de Waterloo, aurait également reçu la visite du spectre. Il portait, paraît-il, un bonnet phrygien, rouge...

Louis XVIII, successeur de Napoléon, logea lui aussi aux Tuileries. Son frère, le comte d'Artois, vit une lueur rouge briller derrière les fenêtres du château quelques jours avant la mort du monarque.

LE MOINE BOURRU

La nuit, dans les venelles sombres de la capitale, errait autrefois un être terrifiant que les Parisiens surnommaient le « moine bourru ». Moine moyenâgeux noyé dans la Seine pour une raison restée obscure, sa robe de bure et ses manières brusques firent de lui le moine bourru. Le fantôme sévit jusqu'au XVIIe siècle. Ensuite, ce Croquemitaine parisien ne fut bon qu'à effrayer les enfants.

Combien de Parisiens furent contraints à l'obéissance sous la menace du moine bourru ? « Sois sage, sinon j'appelle le moine bourru », prévenaient les nourrices. L'une d'elles fut prise à son propre jeu. Il n'est jamais bon d'évoquer les fantômes, et celui-ci se vexa de ne pas être pris au sérieux. Un soir que l'enfant dont elle avait la charge avait été particulièrement désobéissant, elle usa de la fameuse sentence pour lui faire peur. Il se calma aussitôt et ne tarda pas à aller se coucher. La nourrice, qui logeait à quelques enjambées de là, sortit pour rentrer chez elle. Une pluie fine et régulière mouillait le pavé. Un froid humide ne tarda pas à la glacer jusqu'aux os. En cette période des avents de Noël, il ne faisait pas bon tarder dans les rues. La nourrice pressa le pas. Elle était presque en vue de sa maison lorsque son soulier se prit dans le joint d'un pavé. Projetée en avant, elle gesticula inutilement et se retrouva le nez dans le caniveau.

C'est alors qu'elle sentit une force surhumaine la soulever de terre et la remettre sur ses pieds. Elle allait remercier la main leste pour son geste charitable quand elle entendit à son oreille :

— Tu vois, nourrice, que je ne suis pas bien méchant…

— Mais qui êtes-vous ? bafouilla la pauvre fille.

— Celui que tu trouves si repoussant que tu ne cesses de l'invoquer pour effrayer les enfants.

La nourrice, apeurée, tentait de trouver la réponse à l'énigme. Que lui voulait ce mystérieux personnage vêtu d'une vieille robe de bure ?… « On dirait un moine », pensa-t-elle. Elle comprit tout à coup. « Le moine bourru, hurla-t-elle, le moine bourru, au secours, à moi, on m'attaque ! » Elle essaya de fuir, mais le fantôme la tenait fermement par le col de son manteau. Nul ne sortit la tête par la fenêtre, tous avaient bien trop peur de se faire tordre le cou… La nourrice réalisa qu'elle était bel et bien seule à la merci du terrible revenant.

— Calme-toi, je ne te veux pas de mal.

— Pourquoi ne pas me lâcher alors ?

— Parce que tu es si sotte que tu n'écouterais pas ce que j'ai à te dire et que tu en profiterais pour prendre tes jambes à ton cou.

— Très bien, je vous écoute, souffla-t-elle en tremblant.

— Bon, voici mon histoire : cela fait cinq siècles que j'use mes sandales dans les rues de cette maudite cité et j'en ai marre. Au début je trouvais ça drôle de me promener la nuit et de faire trembler le bourgeois. Je rentrais chez eux, observais leurs mœurs détestables et punissais les plus pervers. Oh, j'en ai tué très peu, une dizaine tout au plus, ceux qui étaient irrécupérables. Mais comme c'était le gratin, on en a fait tout un plat… Et voilà comment est née ma mauvaise réputation. Après le petit peuple, ce fut au tour des enfants de me détester. Non, vraiment, je ne mérite pas tant de haine…

— Et alors, en quoi ça me regarde tout ce blabla ?

— Dis donc, reste polie ou ça va chauffer pour tes fesses, ma petite ! C'est incroyable tout de même, je me confie à toi, je t'ouvre mon cœur et au lieu d'être réconforté, je me trouve face à une effrontée incapable d'éprouver une once de pitié…

— Je suis désolée…

— Il y a de quoi, car si je m'adresse à toi c'est parce que tu m'es redevable car toi aussi tu as participé par tes propos diffamatoires à l'entretien de ma mauvaise réputation. Alors tu vas m'aider à retrouver la paix. Je te demande de repêcher mon corps dans la Seine et de le faire mettre en terre, en lui donnant un enterrement chrétien digne de ce nom. Sans cela, j'errerais jusqu'à la fin des temps avec la lune comme seule compagnie…

— Mais, mais, mais, comment je vais faire, moi, pour retrouver votre corps ? Il est dans l'eau depuis des centaines d'années, il ne doit plus en rester grand-chose, quelques os tout au plus…

— Écoute, nourrice, tu ne seras pas seule dans cette entreprise. J'ai déjà acquis à ma cause un homme chargé de l'entretien des berges qui connaît le fleuve comme sa baignoire, un fossoyeur très compétent et un curé charitable. Nous avons rendez-vous demain soir, je passerai te prendre chez toi. Si tu t'avises d'être trop bavarde ou de me faire faux bond, sache alors que toi aussi tu ne connaîtras plus le repos... Je te dirai quel est ton rôle demain.

Le moine bourru tint sa promesse. La nourrice resta toute la journée muette comme une carpe. Le soir, il était au rendez-vous. Elle suivit, toujours silencieuse, le moine bourru. Ils marchèrent jusqu'aux bords de Seine. Arrivés au pied du Louvre, ils s'arrêtèrent. Trois hommes les attendaient. Le moine désigna le fleuve en disant : « C'est là que je me suis jeté à l'eau. Le suicide étant un péché, *ils* ont laissé mon corps servir de nourriture pour les poissons. » L'ouvrier chargé de l'entretien des berges se mit aussitôt au travail. Il monta dans sa barque et, aidé du fossoyeur, il commença à sonder la profondeur des eaux avec une drague. Plusieurs heures s'écoulèrent quand soudain l'un des hommes cria : « Ça y est, on tient quelque chose. » Ils remontèrent la drague : elle laissa s'échapper un tas d'ossements recouverts de vase. « C'est moi... », murmura le moine bourru, reconnaissant, mêlé aux ossements, son chapelet.

Le petit groupe, moine bourru en tête, se rendit au cimetière des Innocents. Là, entre deux tombes fleuries, le fossoyeur creusa un trou pas plus grand qu'un mouchoir de poche. Il y déposa le petit tas d'os enroulé dans un morceau de bure puis le recouvrit de terre. Le curé récita des prières émouvantes. Au dernier « amen », le moine bourru se tourna vers la nourrice :

— Maintenant, nourrice, c'est à ton tour de me rendre ce qui m'est le plus cher, ma réputation. À toi de raconter aux enfants de belles histoires à mon sujet. À toi de faire taire celles de tes consœurs qui maudiront le moine bourru. Ainsi je trouverai le repos.

Aux premiers rayons de soleil, le fantôme du moine bourru disparut. Chacun retourna à ses occupations. La nourrice retrouva, soulagée, l'enfant dont elle avait la garde. Elle ne lui raconta plus jamais d'affreuses histoires sur le moine bourru. Elle le mêla à des contes merveilleux et lui fit vivre des aventures romantiques. Mais sans son aspect terrifiant, il n'intéressa plus personne. Ainsi le moine bourru perdit-il sa mauvaise réputation et tomba dans l'oubli.

LE PUITS D'AMOUR

L'angle des actuelles rues Pierre-Lescot et de la Grande-Truanderie se nommait autrefois le « carrefour d'Ariane ». Le quartier des Halles était à l'époque celui du cimetière des Innocents. Les hommes, depuis l'Antiquité, avaient pris l'habitude d'enterrer leurs morts en ce lieu. Longtemps hors des murs de la ville, le cimetière en était peu à peu devenu le centre. La mort au cœur de la ville. Mais l'endroit n'était pas aussi lugubre et silencieux que les cimetières actuels. Bien au contraire, le cimetière des Innocents était un lieu de vie : bordé de boutiques, ouvert de jour comme de nuit, un va-et-vient incessant de badauds, de voleurs et de chiens errants se tenait dans ses murs.

À deux pas des sépultures, le puits de l'Ariane. Il deviendra le puits d'Amour, mais avant, tradition oblige, il sera le puits de la mort. Celle d'Agnès Hellebic.

Fille d'un personnage important de la cour de Louis-Philippe, Agnès ne manquait de rien. Elle habitait une demeure digne de figurer dans le patrimoine royal, portait des toilettes de princesse et avait un visage de déesse. Ces atouts ne manquaient pas d'attirer les prétendants au titre d'époux, mais Agnès, comme toutes les jeunes filles riches, était capricieuse et aucun ne convenait. « Trop ceci » ou « pas assez cela » ternissaient immanquablement son jugement sur un jeune homme. Un jour pourtant, elle rencontra celui qui fait s'accélérer le pouls, battre les cils et bafouiller des banalités.

C'était au carrefour d'Ariane. Une charrette lourdement chargée de corps gênait le passage et le jeune homme avait dû arrêter sa monture près du puits, attendre patiemment que la carriole ait fini d'effectuer sa macabre manœuvre pour reprendre sa route. Agnès avait fait immobiliser sa litière. Elle l'observa descendre de son cheval et s'asseoir sur la margelle du puits. Elle scrutait chaque détail de sa personne et n'y trouva aucun défaut. Elle aurait aimé attirer son attention, mais la charrette ayant enfin dégagé la voie, le jeune homme remit pied à l'étrier et disparut, ne lui laissant pas le temps de provoquer une première rencontre.

Agnès était amoureuse : elle ne mangeait plus, ne dormait plus et passait son temps à rêvasser. Son père lui fit remarquer son changement d'humeur. Elle lui raconta l'histoire, lui décrit le jeune homme. Son père le reconnut à ses armoiries : issu d'une grande famille, la coqueluche des dames de la Cour... riche mais aux mœurs légères. Agnès supplia son père de le lui faire rencontrer, dit qu'elle était prête à tout pour l'épouser. Son père refusa, puis céda car c'était un bon parti. Dit qu'il y avait un bal, quelques jours plus tard, qu'elle était en âge d'y aller à présent, que ce serait l'occasion. Agnès sauta de joie autour de son père, le prit dans ses bras pour la première fois, le remercia, l'embrassa, puis courut à travers la maison, appela les femmes de chambre, les domestiques et ordonna de tout organiser : la toilette, la coiffure, les bijoux.

Le bal était somptueux, Agnès s'y fit remarquer. Romuald, c'était son nom, l'invita à danser, la courtisa, lui jura de la revoir. Il ne tint pas promesse. Un mois plus tard, le père d'Agnès lui apprit les fiançailles du beau parleur avec une jeune fille de la Cour.

Agnès n'hésita pas. Sentiments d'injustice, de honte, douleur et dégoût se mêlaient dans son esprit, dans son cœur, au moment de sauter. Descendre vite, vite au fond du puits. Le puits sur la margelle duquel il avait posé la main, le puits devant lequel elle l'avait rencontré, le puits de l'Ariane. Mourir vite, vite au fond du puits et en finir avec tout cela : injustice, honte, douleur et dégoût.

Romuald, en apprenant la mort de la jeune fille du bal, fut vivement touché. Il aurait pu, il aurait dû, ne cessait-il de penser. Il se rendit chez elle. Le père d'Agnès le reçut simplement, lui raconta l'histoire et sa responsabilité, à lui, Romuald. Il s'attarda sur l'enterrement, la nuit dernière. Le corps si beau de sa fille chérie dans la terre froide du charnier des Innocents. Les prières pour elle interdites, le silence seulement pour l'accompagner dans l'au-delà.

Romuald ne connut, dès lors, plus que les affres des regrets. Envolées la joie et l'insouciance, la vie légère et dissipée. Ayant appris qu'Agnès était originaire de Bretagne et sachant que ce bout de terre à l'occident du royaume était plus clément avec les esprits et plus souple avec les dogmes de la religion, Romuald rallia un prêtre d'Armorique à sa cause. Ce dernier prononça les prières qui n'avaient pas été dites, fit une cérémonie digne de ce nom, dans le but d'aider l'âme tourmentée d'Agnès à rejoindre des limbes plus confortables que ceux de l'entre-deux.

La foi du prêtre ne devait pas être totalement catholique ; un restant de croyances celtiques et de formules druidiques avait dû se mêler à ses prières car Agnès, loin de trouver la paix qu'est censée prodiguer la mort, revint errer sur terre. Un soir que Romuald était venu prier au puits de l'Ariane, il vit, comme dans un rêve, la jeune fille s'avancer vers lui, plus belle que jamais. Il la prit dans ses bras et leur étreinte se prolongea au-delà de celle que sont censés se donner de chastes amants. Le jeune homme vint tous les soirs retrouver sa mie pour quelques heures de volupté et bientôt, il ne vécut plus que pour ces nuits de bonheur ineffable.

Mais une nuit, Agnès ne vint pas. La nuit suivante non plus, et ce fut ainsi, l'absence, pendant de longs mois. Un soir, Romuald trouva, sur la margelle du puits, deux bébés enveloppés dans un drap finement brodé, mais il ne voulut croire à la signification des lettres de coton entrelacées. Ne sachant qu'en faire, il confia les nouveau-nés à un couple d'amis qui n'avaient pu avoir d'enfants.

Trois siècles plus tard, les habitants du quartier des Innocents se plaignirent d'un nouveau fléau. Non seulement ils devaient subir les odeurs des corps en putréfaction, la vue des immondices jetées dans le cimetière, les encombrements quotidiens des charrettes de marchandises, mais à tout cela venait s'ajouter la recrudescence du nombre de rats. Ils étaient des milliers à sortir des caves, à se nourrir des corps qui dépassaient des fosses communes et à répandre des maladies. De mémoire d'homme, on n'avait jamais vu cela.

On racontait que c'était à cause du nouvel évêque, Pierre de Gondy. On lui avait rapporté une histoire, celle d'un couple qui se retrouvait sur la margelle d'un puits, le puits d'Amour. L'homme était bien constitué de chair et de sang, mais la femme, elle, était un esprit, ou plutôt, son cadavre était possédé par un démon qui avait choisi son enveloppe charnelle pour séduire l'homme. Les amants auraient eu deux enfants : un garçon et une fille, un incube et un succube, qui auraient donné naissance à une nombreuse progéniture. Ne supportant cette idée, de la prolifération d'êtres mi-hommes, mi-démons, l'évêque prononça un anathème sur le puits d'Amour. La cérémonie aurait précipité la descendance d'Agnès et de Romuald, car c'est bien d'eux qu'il s'agit, dans des territoires inexplorés par l'homme. Et c'est sous la forme de rats qu'ils envahirent Paris au XVIe siècle, et qu'ils reviennent, périodiquement, quand l'époque est propice à la prolifération du sordide.

Trois siècles après la mort d'Agnès, un jeune homme atteint du même mal suivit son exemple. Son geste émut tant celle qu'il aimait qu'elle lui jeta une corde et promit de l'épouser. Reconnaissant, il fit graver sur la margelle du puits :
« *L'amour m'a refait*
En 1523, tout à fait. »

LA MALÉDICTION DES TEMPLIERS

À l'emplacement du square du Temple, dans l'espace délimité par la rue du Temple, la rue de Bretagne et la rue Béranger, s'élevait au XIIe siècle la commanderie des Templiers. Plus qu'une forteresse, ce terrain flanqué d'un château magnifique, de cours spacieuses et de jardins protégés par des murailles infranchissables devint la « Ville-Neuve du Temple ». C'est là que les membres de l'ordre des Templiers défièrent pendant plus d'un siècle le pouvoir du roi, protégeant son trésor sans se soumettre à ses lois, l'accueillant au besoin sans relever de lui. Ces moines-soldats ne se devaient en effet d'obéir qu'à un seul homme : leur grand maître. Leur puissance et leur indépendance auraient pu faire d'eux les maîtres du royaume. Leur intégrité et leur règle les élevèrent au rang de martyrs.

Jacques de Molay n'a rien vu venir. Ni la jalousie naître dans le cœur de Philippe le Bel, ni la lâcheté gangrener la volonté du pape Clément V. Ces deux hommes en qui il a confiance vont cependant devenir ses bourreaux.

Pour l'instant, Jacques de Molay ne se doute de rien. Il pense enfin goûter un peu de repos, après quinze années de guerre en Palestine. Quinze années à concilier l'inconciliable : la foi et le sang. Quinze années à porter cette contradiction sur sa peau, sous la forme de ce vêtement blanc traversé d'une croix saignante, pour défendre la Jérusalem chrétienne, pour assurer la protection des pèlerins et la sûreté des chemins de cette terre gagnée au prix de milliers de morts.

Maintenant que les Arabes ont repris Jérusalem, que la présence de l'Ordre n'est plus utile en Terre sainte, le grand maître des Templiers aspire à la paix. C'est peut-être la lassitude de l'âge qui l'empêche de voir le danger : il est à la tête de quinze mille hommes répartis dans mille domaines à travers toute la chrétienté, il possède une armée et des richesses supérieures à celles de bien des rois et au lieu de mettre cette puissance au service d'une nouvelle cause, il décide de rentrer en France.

Philippe, lui, a flairé la menace. Deux États pour un seul royaume, c'est un de trop. Des fenêtres de son palais de la Cité, il voit tous les jours le donjon du Temple qui domine Paris, qui le nargue avec ses quatre tours plus hautes que les siennes et ses murailles qui renferment *son* trésor. Il pense à tout cet or amassé derrière ces murs, aux terres grasses des Templiers qui en produisent toujours plus, aux bœufs qui traversent le pays en tirant des charrettes chargées de caisses emplies de pièces d'or et qui convergent toutes *là*, dans cet enclos du Temple, si près qu'il peut le toucher du doigt et cependant inaccessible.

Une suée d'angoisse le fait soudain frissonner : il vient de songer aux avances que lui ont accordées les Templiers. Il sait déjà qu'il ne pourra rembourser. Le peuple a faim et il ne peut le nourrir. Il a cru crever l'autre jour. Une émeute. Il a dû se réfugier là-bas, chez les Templiers. Il a vu de ses yeux leur richesse : la vaisselle fine, les mets délicats, les tapisseries éclatantes, le mobilier en bois précieux, les vases d'Orient. Un tel luxe pour des moines ! Une honte... Lorsqu'il repense à l'air supérieur que se donne ce Molay, il sent la haine monter. Il sait pertinemment qu'en cas de conflit avec le pape, les Templiers se rallieront à leur chef religieux et non à lui, le roi. Que deviendrait alors le royaume de France ?

Quand il pense au pape qui pourrait s'opposer à lui, Philippe le Bel ne pense pas à Clément V mais à son successeur. Il sait Clément V aveuglément acquis à sa cause, depuis une certaine nuit, passée dans la forêt de Saint-Jean-d'Angély. Il avait fait venir l'archevêque de Bordeaux et lui avait promis la tiare, moyennant six grâces. La dernière devait rester secrète, il ne la lui dirait que le moment venu. Bertrand de Got accepta les conditions du roi de France et devint le pape Clément V. Ce n'est que dans la nuit du 12 au 13 octobre 1307 qu'il comprit quelle était cette chose qu'il avait promise au roi sans la connaître : la destruction de l'ordre des Templiers.

Le 14 septembre 1307, baillis et sénéchaux du royaume reçurent une lettre au sceau du roi qu'ils ne devaient ouvrir que dans la nuit du 12 au 13 octobre sous peine de mourir.

À l'aube du vendredi 13 octobre, les Templiers de toutes les commanderies de France reçurent la visite de ces représentants du pouvoir royal. Ils ne se méfièrent pas et ouvrirent leur porte. Ils se laissèrent arrêter sans même lever leur épée : cela leur était interdit contre les chrétiens.

Une nuit suffit à la ruine de l'Ordre.

Emprisonnés, questionnés, torturés, les chevaliers avouèrent tout ce qu'on voulait entendre d'eux : trahison, sorcellerie, hérésie, sodomie... Jacques de Molay lui-même confessa aux inquisiteurs les crimes dont on l'accusa.

Philippe le Bel en personne s'était assuré de son arrestation au Temple. Dès le lendemain, il s'appropriait les richesses rêvées ; les coffres remplis d'or, le mobilier, la vaisselle, les terres les plus riches passèrent dans les mains avides du roi, au vu et au su de tous. Restait à solder le compte.

Les Templiers croupirent en prison pendant sept ans, le temps pour l'Église et l'État de se disputer leur sort. Clément V essaya bien de sauver leur peau : il commença par protester contre l'usurpation de ses droits par le roi qui avait ordonné l'arrestation, alors que seul le pape pouvait être juge de l'Ordre. Mais il n'était pas homme à résister. Il plia sous la pression royale comme un chien sous la caresse de son maître et lâche, salua bientôt le zèle du roi à vouloir servir l'Église !

En 1310, cinq cent quarante chevaliers réunis dans la cathédrale de Paris se rétractent et reviennent sur leurs aveux. Par cet acte, ils sont passibles du bûcher. L'occasion est trop belle pour Philippe le Bel qui ordonne que cinquante-quatre d'entre eux brûlent à petit feu le jour même. Alors que le faubourg Saint-Antoine s'emplit d'une odeur de chair grillée, le cœur des Templiers se charge de peur. Ils n'offrent plus aucune résistance devant les commissions pontificales qui peuvent enfin clore le dossier.

Clément V, jouant sur les mots, ne condamne pas, mais dissout l'Ordre. Il attribue ses biens aux hospitaliers (futurs chevaliers de Malte) ou plutôt ce qu'il en reste : tout ce dont Philippe le Bel n'a pas voulu.

Le 11 mars 1314, le pape pense encore sauver Jacques de Molay et les grands dignitaires de l'Ordre. Lorsqu'il prononce la condamnation à l'emprisonnement perpétuel, sur le parvis de Notre-Dame, il songe que cet acte lui vaudra le paradis. Mais il ne peut venir à bout de la sentence, un murmure est monté de la foule, il en pressent la gravité. Molay s'est avancé péniblement vers la foule, il crie, après sept années de silence et de sévices, sa voix est éraillée, il crie : « Mensonges, on nous a trompés, ces aveux nous ont été arrachés, ce n'est pas la vérité, l'ordre des Templiers est pur... » Le murmure des voix se mue en agitation des corps. Les prisonniers sont rendus au prévôt. Les membres du tribunal remettent le jugement au lendemain, et se réfugient dans Notre-Dame pour délibérer.

Philippe le Bel n'est pas homme de parole mais d'action. À bout de patience, il veut en finir. Le soir même, il fait enlever Jacques de Molay et ses compagnons pour les conduire sur l'île aux Juifs (actuelle pointe de l'île de la Cité). Là, sur ce petit bout de terre où un siècle plus tôt on brûlait les Israélites, il condamne les Templiers comme relaps au bûcher. Ensuite, il les regarde longuement se consumer. Alors que le feu lèche les corps, soudain une voix monte des flammes. Déformée par la douleur et la haine, la bouche de Jacques de Molay hurle sa malédiction : « Bourreaux, mes bourreaux mourront dans l'année ! »

Clément V fut invité à comparaître devant Dieu quarante jours plus tard. Philippe le Bel périt dans l'année.

LES QUATRE FILS

Derrière le Centre Pompidou, à l'ombre des Archives nationales et de l'hôtel de Rohan, file une petite rue dite « des Quatre-Fils ». Une enseigne aujourd'hui disparue finissait de rouiller voilà cent ans pour rappeler aux vieux la légende qu'on leur contait dans leur enfance, celle des quatre fils d'Aymon.

Renaud, Guichard, Alard et Richard s'ennuyaient ferme dans le château de leur père, le seigneur Aymon, nommé gouverneur de la province d'Albi par Charlemagne. La région étant pauvre, les coffres du château n'avaient pas entendu monnaie sonnante et trébuchante depuis longtemps, les murs en pierres noircies avaient perdu leurs tapisseries chatoyantes et les jeunes garçons leur entrain. Un jour, leur mère leur demanda de l'accompagner dans sa promenade quotidienne le long de la petite rivière qui longeait le château :

— Votre père vient de se réconcilier avec notre bon roi Charles…

— Comment ! s'emporta Renaud, ce lâche qui a fait assassiner notre oncle ! Père lui pardonne ! A-t-il oublié combien d'humiliations nous avons dû subir depuis sa querelle avec lui, loin de la Cour, oublié de tous ceux qui n'ont cessé de courber l'échine devant « notre bon roi » comme vous dites, et s'empressant de vomir des insanités sur notre compte pour caresser dans le sens du poil la barbe fleurie…

— Renaud ! Modérez vos propos ! ordonna dame Aye, d'ordinaire si douce, c'est uniquement à votre bien qu'a pensé votre père en agissant de la sorte. Il devenait fou à vous voir tourner en rond toute la journée dans cette vieille bâtisse, ou tourmenter à qui un lièvre, à qui un corbeau, comme des enfants. Il a décidé que c'était à Paris qu'était votre place, à la cour du roi. Et Charles accepte de vous y recevoir.

Les quatre frères discutèrent pour l'honneur, enfin, surtout pour la forme, car tous sans exception, même s'ils n'osèrent l'avouer, étaient ravis de voir la tournure que prenaient les événements. Car c'était enfin l'aventure qui s'offrait à eux, mystérieuse et riche de promesses, comme une jeune pucelle.

À Paris, Renaud, Guichard, Alard et Richard eurent tôt fait de démontrer leur valeur. Leur langue bien pendue et leurs bons mots finirent de charmer le roi. Aussi, à la fin de l'hiver, quand Charlemagne adouba les quatre frères, c'est tout émus qu'ils courbèrent la tête devant leur roi. Renaud reçut la redoutable épée Flamberge, saisie de la main encore chaude du roi de Cèdre mourant sous la lame de Charlemagne à Pampelune. Le roi ceignit l'épée de chacun en prononçant ces paroles : « Dieu te croisse en bonté, honneur et générosité. » Et Dieu fut bon, car le présent qu'ils reçurent après la cérémonie n'avait pas de prix. Il s'agissait du cheval Bayard, qui tient son nom de la couleur rouge-brun de sa robe, baie.

Bayard était un coursier extraordinaire. Ou plutôt magique. Est-ce de s'être nourri des herbes sauvages de l'île Bocan, au pied du volcan, qu'il avait trouvé la parole ? ou d'avoir été élevé par Maugis, le magicien ? Quoi qu'il en soit, Bayard comprenait le langage des hommes et possédait nombre dons qui rendirent bien des services aux quatre garçons.

Un soir, Renaud et le neveu du roi, Roland, disputent une partie d'échecs devant la cheminée de la grande salle du palais royal. Ils sont à l'écart, et les bruits des rires et des conversations ne parviennent pas à les distraire du jeu commencé il y a plusieurs heures déjà. Renaud, absorbé par la pensée du prochain coup à parer, est moins prompt que de coutume à la repartie :

— Ce Bayard, c'est un fameux cheval, n'est-ce pas ? commença Roland.

— C'est le moins que l'on puisse dire, il est plus rapide que le vent, répondit naïvement Renaud.

— On dit qu'il est né de sorcellerie et que sans lui, vous, les quatre frères d'Aymon, ne seriez rien…

À ces mots, Renaud, ayant recouvré tout son tempérament, bondit sur Roland et lui assène les premiers coups. Tous deux commençaient tout juste à entamer une dangereuse danse quand le roi en personne intervint :

— C'est assez ! Renaud, relâchez mon neveu !

Mais Renaud tarde à desserrer les poings...

— Chevalier Renaud ! Relâchez mon neveu, c'est un ordre de votre roi ! N'oubliez pas que c'est sous mon toit et à ma cour que vous vous trouvez. Par conséquent, vous me devez respect et soumission ! Arrêtez immédiatement, espèce de couard...

Le mot fut de trop, « couard » ; Renaud n'avait jamais de la sorte été insulté. Il lâcha Roland... mais ce fut pour mieux se saisir du lourd jeu d'échecs abandonné sur la table. Il le leva au-dessus de sa tête et l'abattit de toutes ses forces sur l'impertinent. Il se sauva le laissant pour mort.

Bayard, qui avait suivi toute l'histoire depuis la cour du palais sur laquelle donnait la fenêtre de la grande salle, avait alerté les trois frères de Renaud et se tenait prêt à recevoir le héros de la soirée sur son dos. Car la magie de Bayard lui permettait d'allonger sa croupe pour recevoir les quatre fils d'Aymon. Et c'est ainsi qu'ils traversèrent Paris, et alors que les gardes royaux s'assemblaient tout juste dans la cour, ils avaient déjà rejoint leur Dordogne natale.

Du haut de la tour crénelée du palais, Charlemagne ne décolère pas. Il fait les cent pas en caressant nerveusement sa légendaire barbe sans pour autant trouver un moyen de régler leur compte aux quatre fils d'Aymon. Après les avoir poursuivis sept ans durant dans la forêt des Ardennes, assiégés à Montfort, c'est avec rage qu'il les vit entrer sous la protection du seigneur Yus de Bordeaux et fonder Montauban. Son regard se fixa sur la Seine, comme s'il cherchait la solution dans le déroulement paisible de son cours quand il s'imagina terrasser celui qu'on appelait désormais « Renaud de Montauban », celui qui avait refusé de se soumettre, celui qui possédait une monture digne d'un roi… L'idée s'imposa d'elle-même, comment ne pas y avoir pensé plus tôt ? Une grande course offrant des prix exceptionnels attirerait Renaud jusqu'à Paris, il suffirait alors de s'emparer de Bayard et de faire ainsi d'une pierre deux coups : défaire la popularité croissante des quatre frères et de leur cheval fabuleux, et venger son neveu Roland de l'affront subi en lui donnant Bayard.

C'est par des rires que Renaud fut accueilli sur le pré brûlant de la Grange Batelière. Les moqueries fusaient des tribunes car Bayard avait l'air d'une vieille rosse, le poil blanchi grâce à une mixture inventée par Maugis qui l'accompagnait et allant clopin-clopant, comme on lui avait demandé de faire, vers la ligne de départ. Renaud serrait les dents pensant aux prix qu'il ne tarderait pas à remporter : quatre cents marcs d'or, cent pièces de soie et la couronne impériale dont l'or pur brillait de tout son éclat là-bas, au bout du champ de courses. Il trépignait d'impatience de montrer à tous qui il était vraiment et de voir le sourire narquois de Roland, déjà prêt à lancer son coursier, se figer en rictus de dépit. Mais le départ fut donné, le hennissement de Bayard perça l'air, il courba tout son corps en arc et le cou tendu s'élança, faisant trembler la terre et siffler le vent, franchit la ligne d'arrivée avant même que ses concurrents n'aient atteint la moitié du pré.

Le roi vit, médusé, Renaud s'approprier les prix qui lui revenaient de plein droit sous les clameurs des badauds. Il lui cria de s'arrêter, lui proposa tout l'argent de son trésor en échange de Bayard. Renaud tenait sa revanche ; quoi, le roi le suppliait à présent ? Il se retourna sur ses étriers, et lui lança, sarcastique : « Bayard est au-dessus de tout ce que vous pourrez m'offrir. Et si votre neveu Roland souhaite l'avoir, qu'il ait le courage de venir lui-même le prendre. » Et sur ces belles paroles, rapportées de mémoire en mémoire, disparut sur Bayard Renaud de Montauban.

Les aventures des quatre fils d'Aymon et du cheval Bayard comptent parmi les légendes féodales les plus populaires. Transmises au Moyen Âge grâce aux chansons de geste (la Chanson de Maugis *et* Renaud de Montauban*), c'est en prose qu'elles ont été colportées du XVe au XIXe siècle sur le mauvais papier de livrets illustrés. Elles ont traversé toute la France depuis l'Île-de-France, les Ardennes et le Midi languedocien.*

PETIT ARRANGEMENT AVEC LES ÂMES

L'église Saint-Merri est riche de mystères. L'un d'eux est la présence d'un démon sculpté sur le portail central en lieu et place de l'Éternel. Mi-homme, mi-femme, il rappelle le Baphomet rapporté d'Orient par les Templiers. Pourquoi figure-t-il à l'endroit où devrait normalement se tenir une représentation de Dieu ? Là où les érudits bafouillent des hypothèses, la tradition forge ses propres réponses.

En un temps au-delà de la parole des hommes, Dieu convint d'un petit arrangement avec le diable. En échange du préjudice subi par Satan – incarner le Mal aux yeux des hommes pour que ceux-ci se détournent de lui – Dieu accorda au Malin quelques âmes. Ils réfléchirent longuement à la façon de procéder, tentèrent de faire des estimations en nombre, mais aucune des solutions envisagées ne les remplit de satisfaction. C'est alors que Dieu, jetant un regard sur la Création, eut une idée. Devant l'engouement de ses ouailles pour les cierges à brûler en échange d'une prière exaucée, Dieu proposa au diable de lui céder l'âme de l'allumeur de chaque millième cierge offert à Notre-Dame-des-Suffrages. Ils s'entendirent sur la quantité d'églises dans lesquelles mettre en place ce système. À Paris, c'est l'église Saint-Merri qui fut choisie. Voilà pourquoi un démon trône à la place de Dieu sur le portail central du saint lieu.

Les victimes de cette entente furent nombreuses à Paris. Elles vécurent les pires souffrances avant d'être livrées au démon. J'eus la tristesse de rencontrer l'une d'elles. J'aimais aller me promener sur les hauteurs du parc de Belleville qui dominent la ville et songer à la multitude grouillante qui là-haut ne m'atteint plus. J'y voyais souvent une femme à première vue insignifiante mais dont la mélancolie finit par me toucher. La fréquence de nos rencontres et le regard de sympathie que nous échangions en nous croisant nous poussèrent à faire connaissance. Un jour, nous nous assîmes face à un café brûlant à la terrasse du troquet qui donne sur le parc et là commença réellement une amitié véritable.

Elle s'appelait Henriette. Son nom semblait d'un autre âge tout comme son regard. C'est probablement cela qui m'attirait, l'impression face à elle de palper l'éternité. Elle était là sans l'être. Le regard sans cesse posé sur sa montre. Et tout à coup, elle se levait, disait : « Il faut que je m'en aille », et partait, ou plutôt fuyait. Cela dura jusqu'en novembre. Nous nous voyions une heure ou deux, pas plus, et toujours dans ce café de Belleville.

Un jour que j'avais tardé à la rejoindre, elle but son café sans mot dire et se leva pour partir. Je lui demandai si elle ne pouvait rester plus. « Non, dit-elle, je dois y aller. » Je la suivis jusqu'à la porte, insistai : « C'est trop bête, je viens d'arriver… — Je n'ai pas le choix, écoute, si tu veux, reviens demain à l'heure habituelle, je t'expliquerai. » Sa dernière phrase m'intrigua. Son attitude surtout tranchait avec son indolence naturelle, elle avait l'air totalement paniquée, presque excédée que je la retienne.

Je la vis le lendemain comme prévu. Elle avait retrouvé son calme, ce qui me rassura. J'étais loin d'imaginer ce qu'elle allait me révéler.

— Il y a bien des années, je me rendis à l'église Saint-Merri pour prier. (Je faillis l'interrompre tant l'expression « il y a bien des années » me choqua, Henriette paraissait avoir vingt-cinq ans, à peine, mais je me retins devant son sérieux…) Ma mère venait de mourir et je ne trouvais de réconfort que dans cette église. Je pouvais penser à elle sans être interrompue par une nécessité du quotidien et, je ne sais pourquoi, il me semblait être plus proche d'elle en ce lieu. À chacune de mes « visites », je brûlais un cierge pour le repos de son âme. Un jour, à peine avais-je allumé la petite mèche du cierge que je sentis une présence à mes côtés. Je regardai autour de moi mais ne vis personne. J'allais sortir quand une voix me retint. « Pas si vite, ma petite Henriette, ne sois pas si pressée de sortir, j'ai deux mots à te dire… » Je revins sur mes pas. Un homme vêtu de noir se tenait immobile dans la pénombre de la chapelle que je venais de quitter. Je le pris d'abord pour un prêtre, mais la lueur sulfureuse qui brillait dans ses yeux me fit revenir sur cette première impression. « Sais-tu ce que je tiens dans ma main ? » demanda-t-il de sa voix de crécelle. « Un cierge ? »

répondis-je bêtement. « Ouiii, très bien. Ne remarques-tu rien d'autre ? » Je ne voyais rien de particulier à ce cierge et mon air sembla le lui faire comprendre. « C'est *ton* cierge », souffla-t-il d'un air entendu. « Et alors ? » rétorquai-je, le bougre commençait à m'agacer. « Et alors, c'est le millième cierge dédié à Notre-Dame-des-Suffrages brûlé dans cette église. Sache que d'un commun accord avec Dieu, ton âme m'appartient. Quand le cierge que voici (il me le tendit pour que je le prenne et je le pris) sera entièrement consumé, tu mourras et ton âme sera à moi. » Je crus d'abord à une plaisanterie mais le diable sut me convaincre que ce n'en était pas une. Je lui demandai si je pouvais sortir faire un dernier tour au grand air avant de rejoindre les flammes de l'enfer. Il m'accorda cette faveur.

Je me retrouvai dans la rue tenant toujours mon cierge. Heureusement pour moi, pas la moindre petite brise ne soufflait ce jour-là. Je pris d'infinies précautions pour maintenir la flamme à l'abri d'un courant d'air qui m'aurait été fatal. Je marchais rue Saint-Martin, réfléchissant à la façon de me sortir de ce cauchemar, quand l'issue m'apparut sous la forme d'une boutique ésotérique vendant multitude d'objets hétéroclites et ridicules et parmi eux, trônant dans la vitrine, des cierges.

J'en achetai une dizaine de boîtes. Ensuite je rentrai chez moi, en disposai un dans un bougeoir. Lorsque le cierge que je tenais toujours dans la main ne fut plus qu'une rondelle de cire et que je vis la flamme trembloter pour s'éteindre, j'allumai avec ce qui lui restait de chaleur le cierge neuf. Aucun geste ne me coûta plus que celui-là. Je l'accomplis dans un état second, songeant que je vivais peut-être mes derniers instants car rien ne me garantissait que le passage d'un cierge à l'autre prolongerait ma vie. Et puis tu vois, je suis toujours là.

Henriette se levait pour partir. Je ne la retins pas cette fois. Elle promit de répondre à toutes mes questions lors de nos prochaines rencontres. Elle tint promesse et me dit ce qu'était sa vie depuis ce jour. Comment chaque geste autrefois si simple était devenu d'une complexité tragique. Elle ne disposait que de trois heures tout au plus entre le moment où elle allumait un cierge et celui où il achèverait de se consumer. Aussi devait-elle estimer au préalable le temps que lui prendrait chaque tâche. Si elle prenait du retard, elle tremblait à l'idée de respirer ses ultimes bouffées d'oxygène et de se retrouver face à celui qui avait changé le cours de sa vie ce fameux jour de l'an 1902. Et oui, la jeune femme qui se tenait devant moi avait un siècle d'existence, et non vingt-cinq ans comme je l'avais imaginé.

Un jour, Henriette ne vint plus à notre rendez-vous. Je l'attendis une semaine entière, à l'heure habituelle, au fond de ce café de Belleville. Je ne l'y revis jamais. Je passai les jours qui suivirent à arpenter le quartier à sa recherche. Je questionnai toutes les gardiennes de tous les immeubles, les enfants des cours, les artistes en mal de bohème qui avaient envahi ces rues encore misérables. Elle avait disparu.

Sur les hauteurs du parc de Belleville, je rencontrai un jour un homme vêtu d'un uniforme de pompier. Il me raconta autour d'un café ce qu'il appela « la chose la plus insolite de sa carrière ». Il avait été appelé avec ses camarades pour éteindre un feu qui s'était déclaré dans un immeuble « à deux pas d'ici ». Il pénétra dans le petit appartement dans lequel s'était déclenché le sinistre et une fois venu à bout du brasier, il découvrit un amoncellement, ou plutôt une montagne de cire. L'enquête démontra qu'un cierge avait probablement enflammé un rideau. Mais le plus étrange, c'est que les couches les plus anciennes de cire remontaient au début du siècle… « Je me demande ce qu'ils trafiquaient là-dedans, sûrement une secte. » Je demandai au pompier si un corps avait été retrouvé. « Aucun, un véritable mystère. » « Pour tout le monde, sauf pour moi », pensai-je, espérant de tout cœur qu'Henriette s'en était sortie et que les pompiers, en éteignant le cierge criminel, ne l'avaient pas précipitée en enfer…

COMMENT CARTOUCHE
DEVINT LE PRINCE DES VOLEURS

Louis-Dominique Cartouche fut supplicié sur la place de Grève en novembre 1721, au cœur du lacis de ruelles tortueuses où il commit tant de méfaits (ou d'exploits selon que ce soit la police ou le peuple qui en parlât). Le « capitaine des voleurs » opérait dans cette cité devenue paradis des ladres, il était le roi des tire-goussets du Pont-Neuf, prince de la gueuserie dans toute la capitale.

Fils d'un honnête tonnelier, Cartouche aurait probablement reproduit sans anicroche le digne destin de son père si celui-ci n'avait eu l'idée de l'envoyer au collège, chez les Jésuites. Voulant bien faire, souhaitant donner la meilleure éducation possible à ce fils doué pour apprendre, le brave homme le précipita parmi une foule de jeunes gens dont les moins distingués étaient les bourgeois. À onze ans, Louis-Dominique, seul pauvre parmi les riches, connut la honte, puis l'envie.

Pour les égaler, une seule solution s'impose à son esprit : le vol. Il épie les fruitières qui vendent leurs produits aux portes du collège et profite d'un moment d'inattention pour les voler. La facilité avec laquelle il commet ses premiers larcins l'encourage à continuer avec un peu plus d'ambition. Il vole bientôt les livres de ses camarades, avec la même aisance, puis, un jour, presque par hasard, il subit l'insoutenable attrait de l'or.

Louis-Dominique s'était lié d'amitié avec un petit marquis de sa classe. Il avait ses entrées dans les appartements de son ami et ne se privait pas de se promener dans le dédale des pièces somptueuses et des couloirs innombrables, rêvant au jour où des richesses semblables lui appartiendraient. Un jour, il surprit une conversation entre deux valets. L'un d'eux se vantait d'avoir reçu cent écus et alors qu'il remontait dans sa chambre, Cartouche le suivit et l'observa les remettre en place dans leur cachette. Il n'avait pas forcément de mauvaises intentions au moment où il commit cette indiscrétion, mais le trésor ne tarda pas à venir hanter ses nuits, puis à interrompre le fil diurne de ses pensées, jusqu'à se transformer en obsession que seule la possession calmerait. Il en était sûr, s'il obtenait les cent écus, il serait heureux et pourrait enfin briller aux yeux de ses camarades.

Un matin, Louis-Dominique voit le valet et son maître quitter la maison. « C'est le moment », pense-t-il. Il prétexte un malaise pour sortir de classe, s'introduit chez le marquis, entre dans la chambre du domestique, fouille la cachette : rien. Panique. Louis-Dominique cherche dans toute la chambre, découvre enfin la cassette au sommet d'une grande armoire. Il monte sur le meuble pour la récupérer lorsqu'il entend des bruits de voix qui se rapprochent. Il se ratatine autant qu'il peut, ne bouge plus, le valet entre dans la chambre, se plaint d'être souffrant et se couche. Le petit voleur restera deux jours et deux nuits en haut de l'armoire avant de pouvoir en descendre !

Le troisième jour, il rentre chez lui et reçoit une bonne correction de la part de son père pour avoir disparu. Un tour à la foire Saint-Germain lui fait retrouver le sourire : il sent les cent écus tressauter dans ses poches et ressent pour la première fois le bonheur de dépenser sans compter.

Sur le chemin du retour, son frère l'attend : « Un homme est venu cet après-midi, il te cherche, il dit que tu as volé cent écus, c'est vrai ? c'est vrai, dis, Louis ? Papa est furieux... » Louis-Dominique n'écoute plus, il a peur, il n'ose rentrer chez lui, il ne pense qu'à fuir, fait ses adieux à son frère et marche jusqu'à atteindre les limites de la ville.

La nuit est tombée, la campagne est déserte. Le jeune garçon cherche un abri. Un fourré de fougères fait l'affaire. Il s'allonge et s'endort.

Des conversations animées le réveillent. Comme dans un rêve, il distingue des silhouettes s'agiter autour d'un feu de camp. Des êtres au langage étrange, vêtus de frusques bigarrées penchent leurs gueules sales au-dessus d'une soupière brûlante. Ils rient, parlent fort, certains jouent de la guitare, une femme très brune et très belle danse d'un homme à l'autre. Soudain, une main gigantesque le saisit au col et l'amène, comme un gibier, près du feu. Le petit pense qu'on va le faire rôtir, il crie. Quelqu'un s'approche et lui parle en français :

— Que fais-tu là, morveux, tu nous épiais, là, derrière les buissons ?

— Non, non, je vous jure, je dormais, je n'ai rien vu, je ne dirai rien, je…

— Calme-toi, petit, on ne te fera pas de mal. Tu as faim ?

C'est ainsi que Cartouche fit connaissance avec les gitans. Il partagea leur repas, dormit sur l'une de leurs couvertures et se réveilla le lendemain reposé et léger. Tâtant ses poches, il vit que les cent écus avaient disparu. Comme il ouvrait la bouche pour crier, pour les traiter de voleurs, une vieille, plus effrayante encore que les autres, d'un signe de la main lui impose le silence. Elle se lève, le domine de toute sa graisse serrée dans une robe de drap noir et lui dit :

— Je ne poserai pas de question sur cet argent, mais je trouve curieux qu'un gamin de ton âge ait cent écus dans ses poches et encore plus curieux qu'il se retrouve en pleine nuit en dehors de la ville. Alors, si tu ouvres la bouche, que ce ne soit pas pour aller te plaindre à notre sujet, sinon, nous aussi, on aura quelques mots à dire à tes parents.

Louis-Dominique hocha la tête, acceptant ainsi les clauses du contrat. Il perdit *ses* cent écus mais gagna de quoi les remplacer aisément. Au cours des trois années qu'il passa en compagnie des gitans, il apprit assez pour devenir le plus habile des voleurs.

Il était en passe de devenir leur chef lorsque le destin en décida autrement. La bande s'était enfuie en Normandie où elle multipliait les larcins. Cartouche avait toujours de nouvelles idées de vol ou d'escroquerie à commettre sans penser à se ménager. Il finit par attraper un rhume, il n'y prit garde, il continua à traquer ses victimes dans l'humidité des nuits normandes et le rhume se transforma en pneumonie. Sa toux l'affaiblit tant que les gitans finirent par le confier aux bons soins de l'hôpital de Rouen. Lorsqu'il sortit, la bande s'était dissipée, victime du harcèlement de la police locale qui avait réussi à prendre quelques-uns de ses membres…

De nouveau seul et toujours avide d'aventures, Cartouche se retrouva sur le port. À la vue des nombreux navires amarrés, il pensa devenir matelot. Voyager, découvrir de nouveaux horizons, de nouveaux visages… cette idée le séduisit. Il avait rejoint un groupe de marins qui attendait pour s'engager lorsqu'il entendit soudain quelqu'un crier son nom. Il se retourna pour voir son oncle, son cher oncle, courir vers lui jusqu'à l'atteindre et l'étreindre de toute sa joie. Que faisait-il à Rouen ?

— Un procès à soutenir…

L'oncle se remettait lentement de son excitation. Il n'en revenait pas d'avoir croisé son neveu, du hasard, de la chance, qui l'avait mis sur son chemin… Il raconta à Cartouche la peine de ses parents : « Ils ne sont plus les mêmes depuis ton départ. » Il ne parla pas des cent écus, l'affaire devait être oubliée. Bref, il convainquit Louis-Dominique de rentrer à Paris avec lui.

Chez lui, rien n'avait changé. Ses parents étaient fous de bonheur de revoir leur fils. Ils pardonnèrent ce qu'ils appelèrent une erreur de jeunesse et décidèrent que Cartouche reprendrait l'affaire familiale. Ce dernier accepta : le confort de l'amour parental l'attendrit et le fit fléchir. C'est l'amour tout court qui le fit rechuter. Il avait pratiquement terminé son apprentissage en tonnellerie et s'était tenu tranquille, c'est-à-dire honnête, au cours des trois années qui s'étaient écoulées. Rien ne semblait plus le distinguer des autres garçons de dix-sept ans, jusqu'à l'instant où il croisa les yeux bleus de Lisette.

Lisette était lingère, jolie et douée pour les choses de l'amour. Pour la séduire, Cartouche n'hésita pas une seconde à dépenser toutes ses économies pour lui acheter la robe qu'elle désirait. Pour la garder, il renoua avec ses anciennes habitudes sans tergiverser. La concurrence était âpre autour de la couche de la mignonne. La condition était claire : le plus gentil (comprendre celui qui lui ferait les plus beaux cadeaux) remporterait ses faveurs. Louis-Dominique trouva très facilement de quoi combler les appétits de Lisette. Quelques bourses coupées par-ci, quelques montres et tabatières volées par-là, et il accéda au titre de favori. Ils vécurent heureux quelque temps.

Le père de Cartouche mit un terme aux roucoulades. Surpris de voir son fils subitement vêtu comme un prince, il l'interroge, mais ne croit pas une seconde à son histoire de jeu. Il devient soupçonneux, l'observe, l'épie et finit par découvrir le pot aux roses : écus d'or, étuis précieux, flacons délicats et bijoux en quantité cachés sous une latte du plancher de la chambre du fils ! Déçu mais furieux, il se rend à la prison de Saint-Lazare. Là, il négocie avec le procureur pour faire enfermer son fils, à la condition qu'il soit traité de façon à lui ôter définitivement l'envie de recommencer. Le traitement n'eut pas le temps de prouver son efficacité : Cartouche, lorsqu'il comprit que son père ne l'emmenait pas chez un client mais à la prison Saint-Lazare, sauta du carrosse en marche et réussit à s'échapper en se fondant dans la foule. Il rentra chez lui, récupéra son trésor et une fois de plus prit la fuite.

Pour échapper à d'éventuelles poursuites, Cartouche se déguise et change ses habitudes. Il renonce à sa chère lingère et retrouve pour un temps son emploi de filou.

C'est le moment que choisit la France pour entrer en guerre contre l'Espagne. Cartouche trouve un nouveau débouché à ses activités lucratives en proposant à un sergent-recruteur de lui fournir des hommes en échange de quelques écus. L'affaire marchait bien mais un jour, il manqua un homme aux cinq promis. Le sergent ne laissa rien paraître de son mécontentement et pria notre escroc de l'accompagner dans sa livraison de chair fraîche à la Villette. Il accepta sans se méfier du repas gentiment offert par le militaire, ni de son verre constamment rempli. Le lendemain, Cartouche se réveilla pieds et mains liés, sa lettre d'engagement signée sous le nez.

C'est ainsi qu'il entama une carrière militaire qui se révéla prometteuse. L'audace et le courage de Cartouche lui valurent de l'avancement et l'estime de ses supérieurs. Une nouvelle vie s'ouvrait à lui. Elle se referma trop vite avec la fin de la guerre.

Du jour au lendemain, Cartouche et ses camarades se retrouvent sans ressources. Leur maigre congé bu et mangé, la plupart des soldats et officiers sont contraints de mendier. Alors Cartouche leur proposa de s'associer pour survivre. Il fixe un lieu de réunion et deux cents hommes sont au rendez-vous. Son charisme vient à bout des dernières réticences. Élu chef de la bande, il l'organise comme une armée. Il nomme ses lieutenants chargés de transmettre ses ordres sans les discuter. Ils font le serment de lui être fidèles et de lui obéir jusqu'à la mort. Il édicte des lois, met au point un code d'honneur, forme les novices au vol et au meurtre.

Bientôt, on entend parler dans tout Paris de maisons dévalisées, d'églises dépouillées, de coches pillés, de banques escroquées, de bijouteries cambriolées... La police a beau doubler le guet, interdire la vente d'armes aux armuriers, promettre d'alléchantes récompenses pour faire cesser tant de crimes, rien n'y fait, elle reste impuissante devant l'ingéniosité de Cartouche qui a placé des espions dans tous les lieux stratégiques de la capitale, parmi les archers et au sein des maisons des plus illustres. Il a graissé tant de pattes de receleurs, d'armuriers, d'aubergistes, de médecins que ses entreprises réussissent toujours, ses hommes sont soignés, les marchandises écoulées et Cartouche à l'abri dans une retraite sûre.

Quelques coups sont restés célèbres et ont forgé la légende de Cartouche, comme cette fois où il s'introduisit dans le Louvre pour voler l'épée du duc de Soubise. Le petit peuple se prit d'affection pour ce bandit qui volait aux plus riches, c'est-à-dire à ceux qui vivaient de l'exploitation des plus pauvres.

Mais, malgré les deux mille partisans de Cartouche répartis dans la capitale, il y eut finalement plus de monde ayant intérêt à voir sa tête tranchée que sur ses épaules. Le prince des voleurs finit par se faire prendre. Trahi par l'un de ses lieutenants, il fut arrêté et conduit au Grand Châtelet puis transféré à la Conciergerie. On raconte que la nouvelle fut jugée digne d'être annoncée au roi et que celui-ci demanda qu'on fît une terrible justice.

On ne parlait plus dans Paris que de Cartouche. La meilleure société se pressa à ses barreaux pour le voir et lui parler. Plusieurs pièces de théâtre furent montées, les graveurs travaillèrent à son portrait, les célèbres poètes du Pont-Neuf le chantèrent dans leurs vers, les romanciers écrivirent son histoire…

Aussi, pour assister au supplice de Cartouche, une foule considérable s'était amassée sur la place de Grève. Les places avaient été retenues un mois à l'avance et les fenêtres étaient noires de monde. Lorsqu'il vit cela et les bourreaux prêts à le recevoir, le courageux chercha du regard ses compagnons et ne les vit point. Ceux qui avaient juré sur leur vie de venir à son secours et de lui rester fidèles jusqu'à la mort l'avaient trahi. Alors Cartouche, qui n'avait pas parlé lors des trois interrogatoires, qui n'avait pas dit mot lorsqu'il avait subi la question, qui était resté muet sous la torture pour taire le nom de ses compagnons, se sachant abandonné, Cartouche demanda à son confesseur de parler. On le mena à l'hôtel de ville, et là, il avoua tout, le nom de ses complices et leur cachette, le détail des crimes, l'identité des quatre-vingts personnes d'un rang distingué qui avaient tiré profit de ses forfaits, et ses trois maîtresses.

Sa « déposition » dura toute la nuit. Le lendemain, sur la place de Grève, il reçut onze coups vifs et fut exposé sur la roue pour y expirer. Pour abréger ses souffrances, son confesseur le fit étrangler sans que personne ne le vît. On laissa son cadavre au bourreau qui, au lieu de l'enterrer, en tira profit en l'exposant plusieurs jours à la curiosité du public. Il le vendit ensuite aux chirurgiens de Saint-Côme qui procédèrent de même pour les mêmes raisons. Plusieurs peintres vinrent immortaliser sa dépouille, puis celle-ci regagna sa dernière retraite où elle trouva peut-être la paix.

LE MASQUE DE VELOURS

Il ne comptait plus les jours passés dans sa cellule. Il faut dire qu'ils se distinguaient si peu les uns des autres. Lever, attente, repas, attente, repas, sommeil. Il prenait garde à ne pas s'endormir dans la journée, car sinon il perdait le fil du temps, confondant déjeuner et souper, nuit et jour. Au début, il essayait de se fier à la luminosité pour suivre le long déroulement des heures, mais l'épaisseur des murs et l'étroitesse de la « fenêtre » ne laissaient pas sa chance à la lumière qui s'épuisait à ramper le long des pierres noircies formant l'unique ouverture sur l'extérieur.

À son arrivée, cinq ans plus tôt, il avait détesté cette sombre pièce octogonale qui puait la pisse et la moisissure. Maintenant, elle avait ce côté rassurant des choses familières. Lorsqu'il fermait les yeux, il pouvait situer sans se tromper le moindre interstice dans le sol de brique, la moindre tache au plafond blanchi à la chaux. Assis à la table, les yeux dans les braises de la cheminée, il travaillait ses souvenirs, cette mémoire qui l'avait fait prisonnier.

Il se souvient de ce jour où on l'a amené à la Bastille. Son dos le faisait tellement souffrir après ces longues journées à traverser la France qu'il avait failli manquer le spectacle. Le spectacle de ses huit tours hautes, noires de saleté, entourées d'un fossé profond et malodorant. Les tours de la Bastille, la terrible forteresse de Charles V que Richelieu avait convertie en prison pour mettre à l'écart les ennemis de l'État, ses ennemis à lui. Il avait traversé le pont-levis dans la litière de M. de Saint-Mars, nouvellement nommé gouverneur de la Bastille.

M. de Saint-Mars, son seul contact avec l'extérieur. Son unique geôlier, c'était la consigne. Nul autre que le gouverneur de la Bastille n'avait le droit de communiquer avec lui. Des années qu'il lui apportait ses repas, nettoyait sa cellule, s'occupait de son linge et de sa toilette. Il l'avait suivi dans ses précédentes nominations au poste de gouverneur, à la prison de Pignerol puis aux îles Sainte-Marguerite. Il était lié à lui jusqu'à la fin de ses jours. Étrange ce sentiment de lui être attaché et en même temps de le haïr, de savoir que c'était ce marquis de Saint-Mars qui lui volait sa vie en maintenant un tel secret sur son identité. C'était lui qui l'effaçait chaque jour davantage de la mémoire des hommes. C'était lui qui attachait solidement le masque de velours noir sur son visage chaque semaine, pour traverser la cour et se rendre à la chapelle.

Il attendait ce moment à chaque instant de chaque jour de la semaine. L'instant où il traversait les couloirs, descendait les marches des trois étages, passait la lourde porte cloutée pour se trouver dans la cour, enfin. Là, une solide escorte les attendait. Il goûtait chaque pas qui le menait vers le petit lieu de culte. Il levait les yeux vers le ciel, le soleil quelquefois, respirait l'air libre, tentait d'apercevoir le visage de ceux qui regardaient avec curiosité l'homme au masque de velours à travers les grilles de fer. Il aurait voulu crier son nom, entendre l'écho le répéter entre les murs de la Bastille. Mais il savait que cet acte signerait sa mort. Et curieusement, il n'était pas pressé de mourir.

La mort. Elle aussi lui était familière. Il l'avait tenue un jour entre ses mains, sous la forme d'une petite fiole aux reflets violacés. Violacé comme le visage de Colbert qui avait absorbé quelques gouttes de son contenu. Le visage de Colbert qui se contractait sous la douleur, qui s'était penché vers le sol pour vomir. Le regard de Colbert interrogateur, scrutateur. La panique qui avait suivi. L'instant pour lui de disparaître. Il avait emprunté le corridor secret. Avait regagné les appartements de Louvois, son maître. Louvois, ministre du roi, ministre de Louis XIV. Louvois, rival mortel de Colbert. Mais Colbert n'était pas mort. Colbert pouvait le reconnaître, le dénoncer au lieutenant de police La Reynie, le faire parler, avouer qui avait fomenté la tentative d'assassinat. Louvois accusé, le contrôleur général des Finances gagnait la partie, il devenait favori du Grand Roi. Tout cela, Louvois le lui avait expliqué avant d'ordonner son arrestation. Avant de signer la lettre de cachet qui lui permettait d'envoyer discrètement ce valet devenu gênant loin de la Cour, loin de Paris, dans un cachot sordide avec comme unique geôlier l'homme de confiance, M. de Saint-Mars.

La mort s'approchait doucement, il la sentait à chaque respiration resserrer un peu plus son étau. Il rassemblait ses plus beaux souvenirs, les rires de la petite sœur, le satin des seins de Louison, sa promotion à la Cour. Sa seule tentative pour dire son nom aussi. Le jour où, depuis la cellule des îles Sainte-Marguerite, il avait jeté sa chemise à la mer avec son nom écrit dessus, sur toute la largeur, avec son propre sang. Saint-Mars était rentré dans une colère folle. Il se contenait pour ne pas hurler : un pêcheur l'avait vu jeter la chemise et l'avait repêchée immédiatement, il ne devait d'être resté en vie que parce qu'il ne savait pas lire. Saint-Mars l'avait attaché et battu jusqu'à ce qu'il perde connaissance. Il avait menacé de le tuer s'il recommençait.

Il n'avait pas recommencé. Il faudrait qu'il demande à l'aumônier qui viendrait entendre ses dernières confessions pourquoi un homme tenait tant à la vie, même quand la vie n'avait plus aucune raison d'être vécue.

L'homme « dont le nom ne se dit pas » est mort le 19 novembre 1703 après une brève maladie. Il a été enterré le mardi suivant à quatre heures de l'après-midi dans le cimetière Saint-Paul. Sur le registre, il était désigné sous le nom de « Marchioly » et l'âge indiqué était de « quarante-cinq ans environ ». Ordre fut donné de brûler toutes ses affaires, y compris le mobilier. Les murs de sa cellule furent passés à la chaux, le sol refait, de peur qu'il n'ait gravé quelque part son nom.

Lorsqu'on tenta de déterrer le cadavre plusieurs jours plus tard pour connaître l'identité du mystérieux prisonnier, on ne découvrit qu'un amas de chair difforme : quelque acide avait fait son travail et préservé le secret de sa victime.

Le 14 juillet 1789, en pénétrant dans la Bastille, certains pensèrent enfin résoudre l'énigme. Ils découvrirent bien le registre d'écrou, mais la page concernant l'année 1698, date d'entrée de celui que l'on appelait, grâce à Voltaire, le « masque de fer », avait disparu.

Cette version de la légende du masque de fer est inspirée des recherches menées par Jean P. Christian Petitfils publiées en 1970 sous la forme d'un ouvrage, L'homme au masque de fer, *à la Librairie académique Perrin. Quant à la fameuse Bastille, son ancien périmètre est matérialisé par un pavage spécial sur la chaussée du boulevard Henri-IV et de la rue Saint-Antoine ou encore sur les quais de la ligne 5 du métro.*

LE CHIEN DE MONTARGIS

L'île Saint-Louis est née au XVIIe siècle de l'union de deux îles : l'île Notre-Dame et l'île aux Vaches. Cette dernière, couverte d'herbe verte et grasse, servait de pâtis à la ville. C'est là que venaient paître les troupeaux communaux et qu'étaient organisés les duels judiciaires. Ainsi, lorsque dans quelque grave affaire, la justice du roi ne parvenait pas à désigner le coupable, elle s'en remettait à la main de Dieu qui tranchait pour elle. Celui qui remportait le combat était déclaré innocent.

Aubry de Montargis était très apprécié du roi. Trop peut-être au goût de certains qui voyaient dans l'amitié croissante que lui portait Philippe Auguste une ombre planant sur leurs propres intérêts. Le chevalier Macaire était du lot des jaloux. Il était bien trop lâche pour l'affirmer publiquement, mais son regard de fouine et son teint barbouillé par ses fréquentes aigreurs d'estomac auraient pu constituer les signes d'une inquiétude inquiétante. Il attendait le moment propice pour agir et il vint sous la forme d'une journée de chasse organisée à la forêt de Bondy.

Plusieurs gentilshommes s'étaient réunis à l'aube dans le froid vivifiant des derniers jours d'automne. Aubry de Montargis faisait partie du groupe. Son fidèle compagnon, un magnifique lévrier, le suivait de quelques pas, comme dans chacun de ses déplacements. Les hommes s'enfoncèrent sur leurs montures dans la forêt à la recherche du goupil. Tendus, à l'écoute du moindre tressaillement de feuillage, ils avançaient sans mot dire, leurs yeux fouillant la nature rousse qui abritait l'objet de leur quête. Les chevaux devinrent tout à coup nerveux. « On doit approcher du terrier », chuchota le chevalier Macaire qui était présent lui aussi. Ses paroles furent suivies du jappement du lévrier qui s'enfuit subitement dans le sous-bois. Aubry lança sa monture sur la piste reniflée par son chien. Les gentilshommes suivirent le mouvement. Ils n'arrivaient pas à suivre la monture d'Aubry, indubitablement la plus rapide. Ils abandonnèrent progressivement. Seul Macaire restait dans la course. Après de longues minutes de chevauchée à travers bois, il rejoignit son ennemi qui avait arrêté sa monture au pied d'un chêne centenaire.

— Verbaux a perdu sa trace, dit Aubry, désignant du menton son chien qui reniflait bruyamment le sol moussu tout en faisant le tour de l'arbre.

— Quel dommage, répondit d'un ton faux Macaire qui songeait que l'occasion était trop belle pour la laisser passer.

Le félon pensa qu'il serait plus aisé d'atteindre Aubry s'ils étaient à terre.

— Je crois que mon cheval s'est blessé dans la course, mentit le lâche sautant de selle, saisissant la patte de son destrier et faisant mine d'en observer attentivement le sabot.

— Laissez-moi voir…

Aubry descendit de cheval à son tour et s'approcha naïvement de la monture de Macaire. Alors qu'il se penchait sur le sabot, Macaire, qui s'était saisi d'une branche épaisse, lui asséna un coup mortel derrière la tête.

– Tu ne feras plus le fier en compagnie du roi à présent, ricana l'assassin.

Alors qu'il montait précipitamment en selle, il sentit une douleur aiguë lui transpercer le mollet. Les mâchoires du lévrier d'Aubry se refermaient sur sa jambe. Macaire, qui ne s'était pas dessaisi de son *arme*, fit subir à la bête le même sort qu'à son maître. Il s'enfuit, les laissant tous deux pour morts.

Le roi fut sincèrement attristé par la mort de son ami. Il ordonna une enquête qui ne permit de désigner aucun coupable avec certitude. On accusa les nombreux brigands qui peuplaient à cette époque les forêts parisiennes.

L'hiver passa. L'histoire s'effaça peu à peu des mémoires. Un incident cependant la fit ressurgir de l'oubli. Un jour que Macaire quittait le palais pour se mêler à l'agitation de la rue, il fut brusquement interrompu dans sa promenade par un chien. L'animal tout d'abord menaçant, la gueule grande ouverte sur des crocs acérés, lui bondit soudainement dessus et le saisit à la jambe. Plusieurs valets se précipitèrent pour le dégager et il n'en fallut pas moins d'une dizaine pour convaincre ce chien devenu loup de lâcher prise.

L'un des serviteurs s'empressa d'informer le roi de l'événement survenu.

– Ce qui m'étonna surtout, c'est que ce chien, réputé calme, se soit transformé en bête féroce à la vue du chevalier Macaire. Comme s'il lui en voulait pour quelque chose. Une femme est intervenue, l'a appelé, et une fois à ses pieds, le chien est redevenu doux comme un agneau. Lorsque je l'ai interrogée, elle m'a dit qu'elle l'avait trouvé en allant ramasser du bois dans la forêt de Bondy.

— Et à quoi ressemblait-il, ce chien ?

— Oh, c'était un lévrier magnifique. Il ressemblait à celui du seigneur Aubry.

Le roi bondit.

— Convoquez immédiatement Macaire et que l'on retrouve ce chien. Je veux interroger l'homme et voir la bête de mes propres yeux. Je connaissais suffisamment Aubry pour reconnaître son chien.

Une heure plus tard, Macaire jurait devant le roi qu'il n'avait jamais vu ce chien. On fit entrer Verbaux qui, à la vue de l'assassin de son maître, se précipita immédiatement dans sa direction pour l'attaquer. Une laisse l'arrêta avant qu'il n'ait pu atteindre le traître. Le chevalier suait à grosses gouttes.

— Vous ne vous sentez pas bien ? interrogea Philippe.

— Oh, c'est cette blessure à la jambe qui me fait souffrir. Ce chien m'a mordu ce matin, ma foi, il doit être enragé. Il faudrait le faire abattre.

— Approchez, Macaire, montrez-moi cette morsure.

Macaire, surpris de tant de sollicitude de la part du roi, méfiant, mais ne pouvant refuser une demande qui dans la bouche du monarque devient un ordre, obéit et soumit son mollet à l'appréciation royale.

— Quelle est cette cicatrice, là, à côté de la plaie ouverte ?

— Oh, je ne sais plus, bafouilla Macaire.

— On dirait une morsure, non ? Regardez, vous autres !

Les valets et gentilshommes qui entouraient le roi s'approchèrent et confirmèrent, mettant Macaire dans un embarras empli de honte dont il tenta vainement de se dépêtrer.

— Les chiens ne m'aiment pas beaucoup…

— Ce ne sont pas les seuls, rétorqua le roi.

La remarque fit l'effet d'une claque à Macaire qui se réfugia dans la seule retraite qui lui restait à présent : la colère.

— Mais enfin, Votre Grâce, il est injuste de me traiter de la sorte… J'ai toujours été loyal… Que vous disiez des choses pareilles… Qu'avez-vous à me reprocher ? Tout ce foin à cause d'un maudit animal… Vous me traitez comme un coupable !

— Je ne sais si vous êtes coupable ou non, mais ce dont je suis sûr, c'est que cette histoire sent mauvais.

Philippe Auguste, se fiant à son *nez*, ordonna que l'homme et l'animal s'affrontent en duel. La nouvelle fit sensation. La Cour dans son ensemble et une foule nombreuse s'assemblèrent en rangs serrés autour de la lice où aurait lieu le combat. À l'entrée du chevalier Macaire, des sifflements fusent dans l'assistance. Lorsque c'est au tour de Verbaux, la foule bat des mains, lance des encouragements.

L'homme est armé d'un robuste bâton. Le chien n'a qu'une niche pour battre en retraite. Le combat commence. L'homme attend que l'animal attaque, qu'il soit assez proche pour lui porter un coup fatal. Verbaux bondit mais surprend Macaire en le mordant à la main. Macaire lâche son gourdin. Verbaux en profite pour lui sauter à la gorge… Macaire est précipité à terre. Le chien sur sa poitrine resserre l'étau de ses mâchoires. Macaire étouffe, il sent la mort approcher, il utilise le dernier souffle qui lui reste pour hurler :

— C'est moi, c'est moi qui ai tué Aubry de Montargis !

Le roi ordonne à ses gardes de dégager Macaire de l'étreinte du lévrier. Il demande à la foule en colère le silence. Il parle.

— La loyauté de ce chien devrait servir d'exemple à bien des sujets. Sa fidélité a permis de démasquer l'assassin de son maître. Puisque Dieu a décidé de nous révéler la vérité de cette façon, acceptons son jugement. Macaire est vaincu, il sera pendu !

La légende du chien de Montargis, chantée par les trouvères, fut sculptée sur le manteau de l'une des cheminées du château de Montargis. Ainsi traversa-t-elle les siècles.

HÉLOÏSE ET ABÉLARD

Sur la façade n° 9 du quai aux Fleurs, les visages d'Héloïse et Abélard fixent de leur regard de pierre le Paris qui a vu naître leur amour. Une plaque de marbre rappelle que c'est là qu'ils vécurent, dans l'une des maisons réservées au XIIe siècle aux chanoines de la cathédrale.

Voilà deux ans qu'Héloïse était venue vivre chez son oncle Fulbert, chanoine de la cathédrale. Elle avait quitté non sans appréhensions le prestigieux couvent d'Argenteuil où elle avait été élevée, mais appréciait finalement la compagnie de cet homme qui encourageait son goût de l'étude. Lorsqu'il réunissait ses amis, il y avait toujours ce moment où il suspendait le geste en cours pour lever son index énergique et dire « Écoutez Héloïse ! » et béat d'admiration, il regardait sa nièce de quinze ans soutenir une conversation savante en latin, en grec ou en hébreu avec les plus brillants théologiens.

Ce que le brave oncle ne voyait pas, c'est qu'Héloïse possédait d'autres atouts que son intelligence. Son corps n'avait rien à envier à sa tête bien faite et en cela, elle était une jeune fille exceptionnelle. Abélard, lui, lorsqu'il vit Héloïse pour la première fois, n'oublia aucun des aspects de sa personne. Attiré par la réputation de la jeune fille qui s'était répandue à travers toute la France tant les femmes lettrées étaient rares à cette époque, il décida de la séduire sans douter une seconde de son succès : « Héloïse devint l'objet de mon amour, et je crus qu'il me serait facile d'être heureux ; car j'étais alors si haut en renommée, et ma jeunesse et ma beauté brillaient de tant d'éclat, que je ne pouvais craindre d'être repoussé par aucune des femmes que j'aurais jugées dignes de mon choix. »

Abélard met dès lors tout en œuvre pour conquérir l'élue. Il se renseigne à propos de Fulbert et découvre son point faible : l'avarice. Arguant que ses études ne lui permettent plus de s'occuper de ses affaires domestiques, il demande à Fulbert une chambre, le laissant libre de fixer le prix de la pension. L'oncle, trop heureux de l'aubaine, accepte à une condition : qu'Abélard poursuive l'éducation d'Héloïse, sans hésiter à la corriger de ses mains si elle était rebelle à ses leçons.

Ainsi l'attrait du gain cacha-t-il aux yeux de l'oncle qu'il venait de faire entrer le loup dans la bergerie. Ses soupçons étaient également détournés par son imprudente confiance dans la vertu de sa nièce et la réputation solidement établie de la continence du jeune clerc.

Prétextant un emploi du temps surchargé, Abélard s'octroie les heures les plus tardives de la soirée pour éduquer la jeune fille. À la lueur des bougies, la passion ne tarda pas à naître entre ces deux êtres d'exception. Pendant que Fulbert récitait quelques prières dans sa chambre mal chauffée, les deux jeunes gens oubliaient leurs livres pour échauffer leurs corps à coups de caresses pertinentes. « Sous prétexte de l'étude, nous vaquions sans cesse à l'amour. » Héloïse succomba avec délices. Elle aussi connaissait le nom de son amant bien avant de le rencontrer, tant il était célèbre pour sa maîtrise inégalée de la rhétorique et de la dialectique. Son admiration pour le brillant orateur se transforma rapidement en adoration pour l'être de chair.

Abélard, malgré sa volonté de tout maîtriser, se fit prendre à son propre jeu. « Plus l'amour m'occupait, moins je pouvais vaquer à la philosophie. » Il ne sut réguler la puissance de sa flamme et mit sa verve au service de sa passion. Le pays tout entier résonna bientôt des chansons qu'il composa pour Héloïse et leur écho parvient bien sûr aux oreilles de l'oncle. Celui-ci tenta bien de séparer les corps coupables ; il congédia vertement Abélard et enferma Héloïse, mais le mélange des chairs avait fait son œuvre : Héloïse portait un enfant. Fulbert furieux appliqua l'antique méthode pour le faire *passer*. Les coups ne réussirent qu'à convaincre Abélard qu'il était temps d'agir.

Une nuit, profitant de l'absence de Fulbert, le bellâtre enleva la belle et la remit à sa sœur bretonne. Dans le petit village du Palais, elle accoucha d'un fils qu'elle appela poétiquement Astrolabe (« astre brillant »). Le départ d'Héloïse jette Fulbert dans une colère proche de la démence. Soucieux d'adoucir l'oncle, Abélard demanda Héloïse en mariage. Elle lui rétorqua qu'il n'y avait aucun rapport entre « un pupitre et un berceau », entre sa carrière à lui et le train d'une maison. « Héloïse ne négligea rien pour me détourner de ce dessein, elle alléguait et les dangers que je courais et le soin de ma renommée. [...] Si, disait-elle, les philosophes païens vécurent dans le célibat quoiqu'ils ne fussent engagés dans aucune profession religieuse, que dois-tu faire, toi qui es clerc et chanoine ? » Bref, elle refusa. Puis céda, comme à toutes les demandes d'Abélard. Ils se marièrent donc en secret, comme il l'exigeait, « afin que ma réputation n'en reçût aucune atteinte ».

Fulbert tenait sa vengeance : aussitôt la cérémonie terminée, violant sa promesse, il clama le mariage du maître ès arts avec son élève. Héloïse, ne pensant qu'à son amant, proteste publiquement, va même jusqu'à jurer qu'elle n'est pas la femme d'Abélard. L'oncle, furieux de ses dénégations, l'accable d'injures et d'outrages.

Abélard, qui avait repris ses cours et rencontrait un succès croissant, pour faire taire les rumeurs demanda à Héloïse de prendre l'habit de religieuse et de rejoindre le couvent d'Argenteuil. « Et moi-même je la revêtis de la robe du Seigneur. » Alors que la jeune mère sacrifie sa liberté, son enfant et sa réputation pour préserver l'honneur de son amant, celui-ci le perdit tout à fait.

L'oncle, lorsqu'il apprend la nouvelle, considère qu'Abélard a abandonné son épouse, qu'il a voulu se débarrasser d'elle. Il rage contre cet homme qui a enlevé Héloïse à sa famille et au monde dans le seul intérêt de sa vanité. Jurant de se venger, il engagea quelques hommes de poigne pour retirer à Abélard ce qu'il avait de plus précieux. « Une nuit, tandis qu'un sommeil profond s'était emparé de mes sens, ils corrompirent avec de l'or l'homme qui me servait ; des émissaires furent introduits dans mon appartement et m'infligèrent l'infâme et cruelle punition qui a rempli le monde d'un long étonnement. »

Honteux d'être devenu un monstre, ne pouvant supporter le regard désormais compatissant que l'on porte sur lui, Abélard devient moine, non sans entraîner Héloïse à sa suite. « Je voulus cependant avant de me ravir au monde, lui enlever Héloïse ; et déférant volontiers à mon ordre, elle prit le voile et prononça les vœux éternels. Ainsi, tous les deux, nous embrassâmes en même temps la vie monastique, elle dans l'abbaye d'Argenteuil, et moi dans celle de Saint-Denis. »

Abélard continua à enseigner et à écrire, mais ses méthodes et ses idées ne s'accordant pas avec celles de l'Église, elles furent condamnées par deux conciles. Suspecté d'hérésie, menacé de mort, il fut contraint de disparaître à maintes reprises. Il fonda près de Troyes un oratoire qu'il baptisa le Paraclet. Il l'offrit plus tard à Héloïse qui en devint l'abbesse. C'est seulement à cette occasion qu'il la revit. Douze ans avaient passé sans qu'il ne lui écrive une seule lettre.

Un jour, une copie des *Mémoires* d'Abélard tomba par hasard entre les mains d'Héloïse. Réveillant d'anciennes douleurs et des sentiments trop longtemps enfouis, la lecture pousse Héloïse à écrire à son ancien amant. Dans une lettre, tour à tour suppliante, grinçante et passionnée, l'abbesse du Paraclet fait preuve d'une exaltation sans limites pour Abélard. « J'avais cru mériter beaucoup de toi par mon sacrifice car ce n'est pas l'amour de Dieu, c'est ton ordre, c'est ta volonté qui m'a jetée, si jeune encore, dans les rigueurs du cloître, c'est toi que j'ai suivi, que j'ai même précédé dans la vie monastique.

Et je l'avoue, j'ai beaucoup souffert, j'ai rougi de voir en toi cette défiance de mon amour. Mais Dieu le sait, si le bûcher t'attendait, et que tu m'ordonnasses de t'y précéder ou de t'y suivre, je n'hésiterais pas un moment car mon âme n'est pas avec moi mais avec toi. »

Abélard répondra, mais plus qu'une lettre, c'est un sermon qu'il adresse à Héloïse. Citant l'Écriture, il lui commande de calmer sa passion. Une fois de plus, elle s'exécute, écrivant désormais comme il l'a exigé. Ils échangèrent dès lors une riche correspondance.

Alors qu'Abélard tardait à trouver la paix, poursuivi par les philosophes jaloux, les théologiens aigris et l'Église hypocrite, la conversion d'Héloïse suscita l'admiration et sa piété impressionna. Saint Bernard en personne vint lui rendre visite au Paraclet.

Un jour d'avril 1142, Héloïse reçut la dépouille de son vieil amant et le fit inhumer au Paraclet, comme il l'avait souhaité. Elle le rejoignit vingt ans plus tard dans sa tombe, ayant atteint le même âge, soit soixante-trois ans. On raconte que lorsqu'on ouvrit le cercueil pour y déposer le corps d'Héloïse, Abélard ouvrit les bras pour la recevoir et l'embrasser.

Même morts, Héloïse et Abélard continuèrent à subir les tribulations de ce monde. Transférés d'église en crypte, séparés puis réunis à nouveau, ils reposent aujourd'hui au cimetière du Père-Lachaise où l'on peut admirer leur mausolée. Leurs visages à la beauté éternelle ont été sculptés d'après le moule de leur tête peu après leur mort.

LA FIDÉLITÉ

La rue de la Colombe doit son nom à une histoire d'amour. Le hasard qui a fait qu'elle débouche sur le quai aux Fleurs n'en est peut-être pas un. Les Parisiens savent avoir l'âme romantique et c'est dans ce coin de la Cité qu'ils ont choisi de se laisser aller à ce penchant.

C'était à l'époque de la construction de Notre-Dame. Un sculptier avait quitté sa Bretagne et était venu s'établir à Paris pour participer au chantier de la cathédrale. Il logeait dans une maison basse, construite contre l'enceinte gallo-romaine. Il se sentait seul, loin de sa famille, aussi avait-il apprivoisé un couple de colombes.

Elles avaient construit leur nid dans l'encoignure de la seule fenêtre de la maison. Il passait de longues heures à les observer. Il admirait la pureté de leur plumage, l'élégance de leurs mouvements. Il aimait par-dessus tout les voir prendre leur envol : se jeter dans le vide et monter vers l'infini du ciel. Que ses sculptures lui semblaient grossières devant la grâce de ces colombes !

La quiétude de ces moments fut subitement rompue par une crue de la Seine. Les eaux étaient montées si brusquement qu'elles engloutirent la maison du sculptier. La colombe femelle, prise en traître, fut ensevelie sous les débris de maçonnerie. Elle avait survécu cependant, mais il était impossible de la dégager avant que l'on déblaie les gravats et cela pouvait prendre plusieurs jours, c'est-à-dire trop de temps pour espérer la sauver.

Le sculptier était triste de voir sa belle colombe finir aussi tragiquement, mais bah, se disait-il, ce n'est qu'un oiseau... C'était sous-estimer le pouvoir de l'amour. Tout à ses pensées, il n'avait pas vu le manège du mâle. Celui-ci avait retrouvé la femelle perdue au milieu des décombres et volait au-dessus d'elle en criant, oui, en criant d'un air désespéré. Du moins, c'est ainsi que l'interpréta le sculptier. Il vit l'oiseau descendre vers sa moitié et lui jeter quelque chose. C'était un brin de paille. La femelle le saisit dans son bec, tendit le cou autant qu'elle put et, dans un sursaut instinctif, trempa la paille dans une flaque d'eau pour boire ! Le mâle lui apporta ensuite des graines pour la nourrir.

Ainsi, les jours qui suivirent, le mâle veilla à ce que la femelle ne manquât de rien, refusant de l'abandonner à la mort. Lorsque l'eau se fut retirée et les gravats enlevés, le couple fut de nouveau réuni. Le jour de leurs retrouvailles, tous les oiseaux de l'île unirent leurs vols en une danse au-dessus de Paris. Les gens du quartier fêtèrent l'événement jusque tard dans la nuit et de nombreux couples se promirent d'être aussi fidèles si pareille catastrophe devait les séparer.

Le sculptier décida d'immortaliser dans la pierre ses colombes amoureuses. La sculpture de *L'Homme aux colombes* fut placée dans une niche et son histoire, symbole de l'amour conjugal pour tous les Parisiens, traversa ainsi les siècles. Lorsqu'elle fit l'objet d'un culte païen trop fervent, les curés la remplacèrent par une statue de saint Nicolas. Cette dernière fut à son tour victime de l'intolérance peu après la Révolution.

Une colombe en fer forgé déploie toujours ses ailes sur la grille d'une maison située au coin de la rue des Barres et de la rue de l'Hôtel-de-Ville. Ainsi de la pierre au fer s'est perpétuée l'histoire des deux colombes.

LE TERRIBLE SECRET DES DÉLICIEUX PÂTÉS DE LA RUE DES MARMOUSETS

L'aboiement se prolongea jusqu'à devenir lugubre. Il angoissait la rue qui n'en finissait pas de voir le jour tomber en cette fin d'année 1387, triste comme toutes les fins. Le gris recouvrait de ses cendres les silhouettes qui passaient, furtives, et ce chien qui hurlait à la mort depuis trois jours. Seules luisaient à l'angle de la rue des Deux-Ermites et de celle des Marmousets les enseignes grinçantes de deux prospères commerçants : un pâtissier et un barbier.

C'est précisément sur le seuil de la boutique de ce dernier que l'animal braillait sa complainte. Le barbier craignait qu'il n'effraye les clients, mais rien n'y fit, ni les cris ni les coups, la sale bête refusait de quitter la porte.

Deux chanoines du chapitre de Notre-Dame sortaient justement de la boutique du pâtissier qui était voisine. Ils s'extasiaient sur les pâtés qu'ils venaient d'acheter, en vantaient les délices, le fumet délicat qui s'échappait des petits paquets et venait agacer leurs papilles.

— Savez-vous, frère Martin, que les domestiques de tout ce qui a du sang bleu à Paris se précipitent dès la première heure pour venir acheter ces pâtés meilleurs que les autres ? Si par malheur ils viennent à manquer, c'est une lutte de tous les diables pour satisfaire les bouches comtales, ducales et même royales puisque le roi en personne, dit-on, s'en fait livrer un chaque matin qu'il déguste après son lever…

— Ah ! si même le roi ne résiste pas à la gourmandise…

— Mais, que veut donc ce chien ? On le dirait possédé !

— Comment le saurais-je ? Mais, attendez un instant… (frère Martin se rapproche du chien et, se baissant, l'observe attentivement). Dites-moi, ne dirait-on pas le chien du jeune Gunthar ? Vous savez, ce jeune étudiant allemand que nous logeons depuis quatre mois…

Quelques pas à peine leur avaient suffi pour arriver au cloître. Les chanoines déposèrent leurs pâtés à la cuisine commune et se résolurent à faire quérir Gunthar pour l'interroger. S'il était le maître de ce chien qui indisposait le quartier au-delà des limites du tolérable, c'était à lui de faire cesser le concert infernal. Tous les étudiants qui logeaient là se mirent à sa recherche ; ils fouillèrent chaque recoin de chaque salle, sous les lits et dans les armoires, sur les toits et dans les caves. Mais Gunthar restait introuvable.

Le regard des deux chanoines inquisiteurs se croisa, ils mirent leur pèlerine de laine noire d'un seul mouvement et sortirent. La nuit était tout à fait tombée maintenant. Le froid était aussi vif que les coups de ciseaux du barbier dont l'enseigne grinçait toujours. Derrière les carreaux sales de la boutique, on ne voyait aucune ombre se mouvoir. Le barbier était probablement sorti. Les deux ecclésiastiques tentèrent quand même leur chance. Ils donnèrent une tape amicale sur la tête du pauvre épagneul affolé et poussèrent la porte trop étroite pour leurs corps gras.

— Il y a quelqu'un ? appelèrent-ils d'une seule voix…

Il leur sembla entendre bouger, là, sous le plancher. Ils firent silence. Un carré de lumière dessina une trappe dans le sol. Tiens, quelqu'un avait éclairé la cave qui donnait sous la boutique. Martin se baissa, attrapa l'anneau en fer épais et souleva le volet de bois. Ce qu'il vit se grava dans sa mémoire et hanta ses nuits jusqu'à sa mort. Le pâtissier sur la gauche, vêtu d'un tablier de boucher luisant, dépeçait à l'aide d'un grand couteau le corps d'un homme dont les membres tressaillaient encore. Le barbier, sur la droite, les mains tout ensanglantées, l'aidait à maintenir le corps. Martin hurla, son compagnon de même. Ils sortirent de la boutique comme d'un siège éjectable et se mirent à courir dans la rue à la manière de ceux qui sont poursuivis par le démon.

Une patrouille du guet alertée se rendit à son tour dans la boutique. Elle arrêta les deux complices de l'Horrible qui avaient à peine eu le temps d'enlever leurs tabliers. Dès le lendemain, après un procès pour la forme, ils furent brûlés vifs, chacun dans une cage, sur la place publique. Leur dernière vision avant de regagner l'enfer fut de voir leur visage fondre en même temps. Leurs maisons rasées, on éleva une pyramide sur la place laissée vide, pour commémorer la sale histoire. Elle était encore visible au siècle dernier.

Dans un coin de la cave, on trouva un tas de vêtements et dans cet amas hétéroclite, un paletot laminé au nom de « Gunthar » avec dans la poche une laisse, celle du chien qui devant la porte attendait son maître. Lorsque la maison fut rebâtie plus d'un siècle plus tard, sous François Ier, on n'oublia pas de représenter le fidèle animal sur un bas-relief aujourd'hui disparu.

Tel était le terrible secret des pâtés de la rue des Marmousets : la chair humaine, si tendre, est meilleure que les autres car l'animal est mieux nourri. Le pâtissier le savait, c'est pourquoi il payait grassement son complice le barbier qui le fournissait en viande rasée de près pour ses pâtés. Les chanoines, pour les avoir trop aimés, durent aller implorer le pardon du pape à Rome.

Une chanson populaire rendit l'histoire célèbre :
« Et rue des Deux-Ermites
Proche des Marmousets
Fut deux âmes maudites
Par leurs affreux forfaits,
L'un barbier sanguinaire,
Pâtissier téméraire,
Découverts par un chien,
Faisant manger au monde,
Par cruauté féconde,
De la chair de chrétien. »

La rue des Marmousets devait son nom à l'hôtel des Marmousets orné de petites figures grotesques appelées ainsi. Démolie par Haussmann au milieu du XIXe siècle, elle se trouvait à l'emplacement de l'actuelle rue Chanoinesse.

LES PENTURES DIABOLIQUES DE NOTRE-DAME

    Biscornet s'était levé de bonne heure et c'est les yeux encore embrumés de sommeil qu'il marchait vers Notre-Dame. Il avançait tant bien que mal vers la nouvelle cathédrale, tâchant d'éviter de mettre le pied trop profond dans la boue puante et noire qui s'étalait dans les rues. C'est qu'il souhaitait faire bonne impression au grand maître de la corporation avec qui il avait rendez-vous à la première heure. Il avait satisfait à toutes les épreuves qui jonchent le parcours d'un jeune compagnon du devoir mais il lui restait à accomplir la dernière étape, la plus délicate : son chef-d'œuvre.

    Il atteint enfin le parvis sur lequel des dizaines d'ouvriers s'affairaient encore à terminer les nombreux éléments décoratifs qui orneraient bientôt la façade. Il demanda à un sculpteur penché sur son ouvrage — une tête d'ange qui rejoindrait les voussures de l'un des portails — de lui désigner maître Jacques. L'homme tendit son burin en direction d'un vieillard massif qui donnait des ordres aux ouvriers qui l'entouraient.

    — Bonjour, je m'appelle Biscornet, nous avions rendez-vous ce matin et...

— Je t'attendais, répliqua aussitôt maître Jacques. Alors c'est toi le fameux Biscornet dont j'ai tant entendu de louanges... Mmm, je t'imaginais plus grand, et avec un peu plus de poils au menton.

Le rire des ouvriers termina sa phrase. Biscornet hésita entre honte et colère, il choisit de baisser le nez vers ses chausses, ce qui lui fit remarquer leur état déplorable, accrut sa confusion et son désir de réussite.

Maître Jacques demanda le silence.

— Nous allons voir si tu es à la hauteur de ta réputation. Le temps est en effet venu de forger les pentures destinées aux battants des portes de la cathédrale. Ces ferrures devront s'étendre sur la totalité de chacune des portes des trois portails, c'est-à-dire sur sept mètres de haut et quatre de large, et être faites d'une seule pièce, sans soudure ni rafistolage. Seul un ouvrier des plus habiles pourra les réaliser, et comme c'est sous ces termes que l'on t'a décrit... Si tu réussis, tu seras reçu maître de la corporation des ferronniers. Malheureusement le temps presse, car nous approchons de l'Ascension. Les pentures doivent être posées avant les cérémonies de bénédiction des récoltes. Je te donne dix jours.

Sur ces mots, le grand maître de la corporation tourna les talons et s'en retourna à l'inspection des travaux finis.

Ce soir-là, Biscornet tarda à trouver le sommeil. Il tournait et se retournait dans son lit se remémorant les paroles de maître Jacques. Seul face à lui-même, il réalisait l'ampleur du travail à effectuer. Mais il ne doutait pas une seconde de réussir.

Il se rendit à la forge au premier chant du coq. Il commença le travail plein d'entrain, mais plus les heures passaient, plus le découragement gagnait. À midi, la colère s'empara de lui, à la nuit tombée elle céda la place à l'angoisse. Il rageait contre ce fer qui refroidissait trop vite, contre ses coups de marteau trop maladroits pour la finesse du motif, contre la lime qui butait sur la complexité des figures végétales. Ses bras lui faisaient mal, ses mains le brûlaient. Il se laissa doucement glisser contre le mur de l'atelier et s'assit sur le sol jonché de bouts de ferraille. Il songeait aux ouvriers déjà attablés pour le souper ou descendant des chopines à la taverne. Il se sentait seul, jeune et con. Il en était à contempler une larme tombée sur sa main quand une voix chuchota à son oreille :

— Tu n'y arriveras pas tout seul.

— Comment ?

— Il est impossible de ferrer les portes de Notre-Dame en dix jours, maître Jacques le sait pertinemment. C'est pour cela qu'il te l'a proposé. Il sait que tu es très doué, ambitieux, courageux, mais aussi jeune et prêt à tout pour devenir maître ferronnier. D'ailleurs, il ne s'est pas trompé, n'est-ce pas ? Tu es prêt à tout, Biscornet ?

— Mais… qui êtes-vous ?

Biscornet se trouva face à un petit homme tout rabougri, dont il distinguait mal la figure, cachée par une capuche démesurée pour sa taille.

– Tu ne me reconnais pas ? Mon portrait est pourtant sculpté un peu partout sur la façade de la cathédrale. Peu importe, on ne me nomme pas, ou alors, tellement mal… Je suis celui qui peut réaliser tes désirs les plus secrets.

J'entends tous tes sentiments et celui que je discerne le plus clairement est le désespoir. Car tu es désespéré, n'est-ce pas, Biscornet ?

— Un envoyé de Dieu ? Jésus ? L'ange Gabriel ?

— Alors là, tu n'y es pas du tout, mais peu importe… Nous ne sommes pas là pour parler de moi mais de nous. Oui, de notre collaboration. Car vois-tu, Biscornet, je suis à ton service. Grâce à moi, tu vas non seulement devenir maître ferronnier, mais le plus admiré des artisans. L'on viendra de tous les pays pour voir ton ouvrage et ton nom sera encore connu dans huit siècles…

— Et que voulez-vous en échange ?

— Oh, rien, ou presque comparé à l'œuvre de Titan que je vais réaliser pour toi, quelque chose dont tu n'as aucune utilité sur cette terre : ton âme. Et pour te prouver ma bonne foi, j'ai tout noté par écrit. Voilà, on appelle cela un pacte, et si tu l'acceptes, tu signes là, en bas. Tiens, voici une plume…

Biscornet réfléchit longuement, il pesa le pour, le contre, choisit le pour et scella d'une croix son destin.

Le lendemain, lorsque le maître de la forge alluma son feu, il découvrit Biscornet allongé sans connaissance dans un coin de l'atelier. Son visage seul reflétait le terrible combat intérieur qui se livrait en lui. À la commissure de ses lèvres, un filet de bave discontinu s'écoulait sur sa tunique tachée. Il semblait vieilli, comme fané. Se secouant après cette inspection, le brave homme courut avertir ses compagnons. Il les vit alors tous assemblés devant les portails de Notre-Dame avec les chanoines. Ils allaient de l'un à l'autre poussant des cris d'admiration et des « C'est incroyable ! ». Maître Jacques demandait « Où est Biscornet ? » mais personne ne répondait. Le maître de la forge s'approcha à son tour, d'abord des portes du portail Sainte-Anne, puis de celles de la Vierge. Ce qu'il vit l'empêcha tout d'abord de parler. Les portes étaient toutes ferrées ! Les pentures se déroulaient gracieusement sur le bois rouge-brun, la finesse des ciselures était digne de la plus grande orfèvrerie, la souplesse des arabesques aussi délicate que l'épanchement d'un pétale de rose. Il s'approcha enfin du portail dit du Jugement dernier. Plusieurs hommes parmi les plus costauds tentaient de l'ouvrir, mais en vain, ils poussaient de toutes leurs forces les battants, mais les portes restaient hermétiquement closes.

Soudain, un cri jaillit : « Une tête de diable en guise de poinçon, une autre, là, sur une barre de fer ! » À ces mots, le maître de la forge se précipita vers maître Jacques. Ils échangèrent quelques mots puis s'élancèrent vers la forge. La vue de Biscornet, défiguré, la magnificence du travail effectué en une nuit, les petites têtes à cornes des pentures persuadèrent maître Jacques que les puissances infernales étaient de la partie. Il ordonna de coucher Biscornet dans son propre lit (sa maison était à deux pas) et quelques heures plus tard, alors que le bruit se répandait en ville que l'apprenti Biscornet avait réalisé la plus belle chose que l'on puisse voir sur cette terre et que la foule, impatiente, accourait déjà pour admirer les pentures, maître Jacques assistait impuissant aux derniers instants de Biscornet. Il se remémorait les sculptures du linteau du portail du Jugement dernier : le diable sous la balance tentait de toutes ses forces d'infléchir la pesée des âmes de son côté. Il revoyait les pauvres êtres, enchaînés, traînés par deux êtres diaboliques vers l'enfer, la douleur et la peur sur leur visage, les mêmes expressions que celles qui se succédaient sur le visage de Biscornet. De l'autre côté, l'extase des êtres acceptés au paradis, n'en finissant pas de contempler les visages divins.

Soudain, maître Jacques entendit un hurlement de joie, il se dirigea vers la fenêtre et vit la foule acclamer les chanoines qui avaient enfin réussi à ouvrir les portes du portail central après les avoir aspergées d'eau bénite. Lorsqu'il se retourna vers Biscornet, son visage s'était apaisé.

Cette légende date du XIIIe siècle. On peut toujours admirer les pentures des portails de Notre-Dame, mais celles du portail central, détruites sous la Révolution, ont été refaites par Viollet-le-Duc.

LA LEÇON DU PONT-AUX-ÂNES

L'île de la Cité fut longtemps reliée aux rives de la ville par deux ponts seulement : le Petit-Pont au sud et le Grand-Pont au nord. À la fin du XIVe siècle, leur encombrement était tel que l'on commença sérieusement à songer à en construire d'autres. Le Pont-au-Double vit le jour en 1626. On l'appelait à ses débuts le Pont-aux-Ânes. C'est là qu'un certain meunier vint y prendre une leçon qui ne laissa pas sa femme indifférente.

On pouvait dire de Michel Pasquier qu'il avait réussi. Il avait repris le moulin légué par son père à sa mort, il en avait doublé le rendement et sa farine avait si bonne réputation que les boulangers de Paris se l'arrachaient. Il avait épousé la donzelle sur qui le premier regard posé l'avait convaincu que c'était pour la vie et le sentiment était partagé. « Pourquoi cet air de condamné alors ? » serait-on tenté de demander à Michel Pasquier. Cette question, tous ses amis la lui posaient immanquablement lorsqu'ils le croisaient. Mais le meunier restait silencieux, continuant à poser son regard triste sur le monde.

L'homme était plus doué pour rompre le grain de blé que pour entretenir une conversation. Il n'aimait guère parler de lui, il pensait que cela ne se faisait pas, à moins d'être une femme. Sa femme, par contre, n'hésitait pas à parler d'elle. Elle ne parlait même que de cela. De sa coiffure, de son teint, des nouvelles robes, fichus, souliers à acheter. Acheter, elle n'avait que ce mot à la bouche. Se parer était sa principale occupation. Le reste ne l'intéressait pas. L'entretien de la maison, les repas à préparer, le linge à repriser constituaient un amas de choses ennuyeuses qu'elle s'efforçait d'oublier.

Voilà ce que le meunier était incapable de dire : sa femme n'était bonne à rien. Tout juste à se réunir avec les autres commères du quartier pour parler d'elles, chacune parlant de soi, aucune n'écoutant l'autre. Et pour un homme, ne pas avoir son épouse à sa disposition pour le nourrir, le vêtir et entretenir son logis était proprement insupportable, inconcevable, inimaginable.

Cet état des choses le rongeait à tel point que Michel Pasquier se dit un jour : « Il faut faire quelque chose. » Il se rendit place Maubert où était établi un docteur à la renommée inattaquable : maître Albert. La somme de ses connaissances était telle qu'il ployait sous son poids. Sa tête semblait emportée en avant sous l'action de l'attraction terrestre qui attirait à elle sciences, astrologie et alchimie. Il tendit sa main crochue vers le meunier qui venait de pénétrer dans l'antre du maître.

— Le prix de la consultation s'élève à cinq sols.

Le meunier trouva l'entrée en matière un peu raide, mais n'osa protester. Il lâcha les piécettes dans la main rabougrie par le temps en prenant soin de ne pas la toucher. La main leste disparut dans les plis de la tunique du savant.

— À présent, parlez.

Michel Pasquier raconta la fainéantise de sa femme, son indifférence et son effronterie.

— Je n'en peux plus, termina le meunier.

— Bien... Rends-toi sur le Pont-aux-Ânes et observe attentivement ce qui s'y passe. Ensuite, rentre chez toi et reproduis fidèlement les gestes que tu y auras vu faire.

— C'est tout ?

— C'est tout.

La main flétrie poussa le meunier vers la porte.

Sur la place, en cette fin d'après-midi, l'agitation était à son comble. Hébété, l'homme se laissait bousculer sans mot dire. Il se fraya un passage entre les clochards, voyous, ravageurs, marchands de mouron, rempiéteurs de bas, arracheurs de dents, vendeurs de coriace, colleurs de sacs, écrivains publics qui s'amassaient sur ce carrefour de la misère dans un désordre indescriptible. Il acheta une « cigarette à la main » au marché aux mégots et marcha, pensif, jusqu'au Pont-aux-Ânes. Il s'accouda au parapet du pont et alluma sa cigarette. Il toussa tant la fumée âcre de cet amas de vieux mégots était agressive. « Tout à fait ce qu'il me faut pour me secouer les méninges. »

Il en était à ces considérations lorsqu'il vit les âniers faire leur entrée sur le pont. Ils allaient dans la journée faire paître leurs bêtes dans les herbages le long des rives de la Seine et rentraient à présent vers la Cité. Ils avaient toutes les difficultés à réunir ces ânes dont l'entêtement n'est pas seulement proverbial. Les bêtes allaient et venaient dans la prairie, totalement indifférentes aux cris de leurs maîtres. Il vit de loin les hommes s'agiter de plus belle et tout à coup, comme par enchantement, les ânes se rassemblèrent en troupeau. Le meunier se demandait ce qui avait aussi efficacement fait entendre raison à de telles bourriques. Il laissa les âniers approcher et allait les questionner lorsqu'un âne se détacha du groupe : un homme, gourdin à la main, lui mit une telle volée de coups que la bête rentra aussitôt dans le rang.

Le meunier comprit alors ce que maître Albert avait voulu dire. Il rentra chez lui, mangea une soupe froide et se coucha dans le lit défait du matin. Lorsque sa femme rentra, il sauta du lit, saisit le rouleau à pâtisserie qui traînait sur la table et renversa la mégère sur ses genoux. Surprise par la fermeté de sa poigne, elle ne put réagir. Dans cette position fort humiliante, la belle comprit qui était le maître.

Le meunier, qui avait scrupuleusement suivi l'exemple des âniers, vit ses efforts récompensés. Lorsqu'il rentrait chez lui désormais, la table était mise, le ménage était fait et ses vêtements raccommodés. Sa femme, qui n'oublia plus jamais l'heure du dîner, recommença à le considérer comme un homme. Ainsi Michel Pasquier retrouva-t-il le sourire.

L'INCENDIE DU PETIT-PONT

Au mois d'avril 1718, un incendie ravagea pendant trois jours le Petit-Pont, ses vingt-deux maisons et plusieurs bâtiments alentour. Le feu aurait détruit la Cité sans la présence d'un pavillon de pierre qui empêcha les flammes de gagner le cœur de l'île. La rive gauche fut protégée par la forteresse du Petit Châtelet qui tint une fois de plus son rôle de protectrice d'un Paris subissant non plus les attaques des Barbares mais celles des éléments. Détruit à de nombreuses reprises, le plus vieux pont de la ville finit cette fois-ci en cendres. Il fut reconstruit mais interdiction fut donnée de le surmonter de constructions. C'est ainsi que Paris perdit petit à petit toutes les maisons de ses ponts.

Jeannette était loin d'imaginer les conséquences de son acte lorsqu'elle mit à l'eau sa petite planchette de bois surmontée d'un cierge à la flamme hésitante. Elle avait pleuré toute la nuit et au matin s'était rendue chez sa voisine pour lui conter toute sa mésaventure.

Son fils chéri n'était pas rentré à la maison depuis une semaine. Elle était partie à sa recherche à travers la ville, sur les marchés et dans les tavernes, avait questionné toutes les personnes que fréquentait Louis, mais toutes les bouches s'étaient refermées sur la même réponse : « Non, on ne l'a pas vu. » Désespérée, la pauvre mère était allée voir à la morgue du Châtelet si, par hasard, le petit n'y gisait pas étendu sur une dalle froide. Mais là, on lui avait répondu qu'on ne rentrait pas « comme ça » dans une institution de la mort et qu'il fallait payer cent et un écus pour retirer un corps. Jeannette était effondrée, elle ne pourrait jamais payer une telle somme.

Alors qu'elle passait sur le Petit-Pont, une harengère l'arrêta :

— Et la Jeannette ! Où qu'tu vas avec cette triste mine ? Tu viens d'un enterrement ou quoi ?

— Ah, il vaudrait mieux. Je sors de la morgue où je pensais peut-être trouver mon Louis, mieux vaut savoir qu'il est mort que rien savoir du tout… Mais ils n'ont pas voulu que je rentre voir… Ils m'ont demandé cent écus pour reprendre son corps…

— La morgue ! Mais tout le monde sait que ce sont des voleurs… Faire payer une mère pour récupérer ce qui lui appartient, non mais, ils n'ont pas honte… Mais t'es sûre qu'ton Louis il est mort ?

— Non, non, je passais juste voir si vous saviez quelque chose.

La harengère appela ses collègues qui ne tardèrent pas, curieuses, à s'assembler en troupeau bavard autour de la Jeannette. Chacune y allait de son commentaire :

— Ne te fais pas d'illusions, ma pauvre, quand on disparaît dans cette foutue ville, il y a une chance sur deux que ce soit au fond de la Seine…

— Ah, pour sûr, y paraît qu'un jeune gars s'est j'té à l'eau l'aut'jour…

Jeannette sursauta, elle questionna :

— Quel jour ? Qui te l'a dit ?

— Ah, ben c'est l'meunier, celui qui a le moulin là-dessous (elle tendit son index poisseux vers le sol)…

Jeannette remercia, se précipita à travers la foule des harengères qui progressivement se remirent au travail. Bientôt, le pont résonnait de nouveau des cris légendaires : « Merlans à frire, à frire ! », « À l'anguille de mer, à l'anguille ! », « V'là l'maquereau frais, v'là l'maquereau ! »

Sous le pont, Jeannette arriva au niveau des énormes roues du moulin. Elle vit le meunier qui confirma avoir vu un homme se précipiter dans l'eau depuis le haut du pont. Il avait même eu peur qu'il ne vienne s'abattre entre deux pales de bois et gêner leur mouvement. « Il y a combien de temps ? — Ah, j'sais plus bien, c'était la semaine dernière… »

Sûre désormais de ne plus jamais revoir son fils, Jeannette rentra chez elle et ne sachant que faire, pleura. Le lendemain, elle se rendait chez sa voisine toujours de bon conseil.

— Si tu veux retrouver ton fils dans la rivière, voilà ce qu'il faut faire : va chez le menuisier et demande-lui une chute de bois bien plate. Rends-toi ensuite avec un morceau de pain à l'église des Grands-Augustins et demande au curé de te le bénir sous l'invocation de saint Nicolas, n'aie crainte, il a l'habitude… En échange, achète un cierge mais ne le fais pas brûler tout de suite. Prends-le avec toi et va à la Tournelle. Arrivée au niveau du couvent des Miramiones, allume le cierge, pose-le sur la planchette avec le pain et mets le tout à l'eau. Laisse-les filer dans le courant mais ne quitte pas le cierge des yeux. À l'endroit où la flamme s'éteindra, tu peux être sûre que ton fils s'y trouve.

Jeannette suivit à la lettre les instructions données par sa voisine. Malheureusement, un petit air se leva et fit dévier la sébile de son cours. Jeanne vit le frêle radeau emporté vers une barque chargée de foin. La petite flamme du cierge toucha au passage quelques brindilles. Trois minutes plus tard, l'embarcation tout entière flambait. L'amarre brûla elle aussi, larguant, tel un bateau ivre, la barque en feu qui alla s'échouer entre les échafaudages en bois renforçant les piles du Petit-Pont. Le feu lécha les piliers, se hissa jusqu'aux poutres en bois du tablier et se répandit à tous les étages de toutes les maisons du Petit-Pont.

Les Parisiens se pressèrent nombreux pour prêter mainforte aux hommes chargés d'éteindre le terrible incendie. La chaleur était telle qu'ils se seraient crus en enfer. Une fois la ville sauvée, malgré les nombreux dégâts, une enquête fut instruite. On ne retrouva jamais la femme qui avait lâché l'humble sébile au fil de l'eau. La solidarité populaire tut le nom de Jeannette. Celle-ci retrouva son fils quelques jours plus tard, sain et sauf. Il avait suivi sur la route une marchande ambulante qui lui avait volé son cœur.

LA CHÈVRE ET LE NAPOLITAIN

Le pont Saint-Michel était autrefois recouvert de maisons au rez-de-chaussée desquelles s'étaient établis quantité de marchands. Fripiers, teinturiers, éperonniers, écrivains publics et luthiers se concentraient dans cette succession d'étroites boutiques et c'était toute la journée va-et-vient incessants, discutailles en âpres marchandages, bousculades et frous-frous de jupons sur l'étroit tablier tendu entre les deux rives.

Au bout du pont s'étaient installés un cordonnier et sa femme, celle que tout le quartier n'appelait plus que « la belle cordonnière ». Et Dieu sait qu'elle méritait le compliment. Elle avait gardé la fraîcheur de l'enfance et la taille souple malgré les grossesses. Sa poitrine surtout attirait des regards gourmands. Car la dame était nourrice, aussi était-elle toujours fort bien pourvue en rondeurs délicieuses.

Un jeune Napolitain qui avait un jour poussé la porte de la petite échoppe pour une paire de bottes en était ressorti avec une flèche au cœur. Cupidon n'y était pas allé de main morte et le jeune Italien, depuis, se languissait d'amour pour la belle cordonnière. Il avait interrogé, l'air de rien, les commères de Saint-Michel, mais aucune n'avait pu mettre en doute la vertu de la belle. Par contre, les langues de vipère n'avaient pas manqué d'en rajouter sur la jalousie du mari.

Comme tous les amoureux malheureux, le Napolitain avait échoué dans une taverne pour oublier la blondeur soyeuse et la peau laiteuse de celle qui ne serait jamais sa mie. Il se trouva compagnon de boisson d'un chevaucheur d'escouvette qui lui confia connaître le secret de composition des philtres d'amour. « Trois gouttes de son lait suffisent, susurra-t-il dans un souffle aviné, ensuite laisse-moi faire et tu verras, ce sera ta belle cordonnière qui te courra après et te suivra où que tu ailles. »

Le Napolitain eut bien quelques remords à user de magie pour se faire aimer, mais pensant à ce qu'il y gagnerait, ses scrupules s'envolèrent et son cœur redevint léger. Il réfléchit au moyen d'obtenir les précieuses gouttes de lait. Il ne pouvait décemment les avoir de force… Il devait agir par ruse. C'est alors qu'il croisa un aveugle qui mendiait dans la rue. Il lui acheta son manteau miteux, son bandeau crasseux et sa canne usée et s'en alla accoutré de la sorte chez le cordonnier que l'on sait. Pour attendrir la belle, pensa-t-il, rien de mieux que la pitié…

« Aïe, aïe, aïe », furent les premiers mots du Napolitain une fois entré dans la boutique. Le cordonnier voyant un pouilleux gémissant secouer ses puces sur ses chères chaussures eut peur pour la clientèle. « Ouste, dehors ! » fut sa réponse. Le Napolitain se plaignit de plus belle : « Mon œil, mon œil, au secours, aidez-moi et vous serez riche. » À ce mot, le dernier, le cordonnier tendit l'oreille, puis une chaise, fit asseoir le gueux, tira le verrou et parla ainsi :

— Que veux-tu, l'aveugle ?

— Quelques gouttes de lait, aïe, aïe, aïe (ses grimaces et gesticulations étaient dignes d'un acteur de la *commedia dell'arte*), pour mon œil, pitié, pitié, il me fait horriblement souffrir. On m'a dit que votre femme était nourrice… Qu'elle tire trois gouttes de lait de son sein… aïe, aïe, aïe, et dix écus d'or passeront de ma poche dans la vôtre.

La belle cordonnière, alertée par le tapage, s'étant approchée entendit la requête. Elle attira son mari dans l'arrière-boutique. Car si elle était vertueuse, elle n'en était pas moins coquette. Elle convertissait déjà les dix écus d'or en soie, en dentelles et autres colifichets. Une discussion passionnée s'engagea entre les époux, entrecoupée par les cris du Napolitain. Le cordonnier ne pouvait se résoudre à traire sa femme pour un aveugle qui lui semblait louche. Son instinct lui faisait pressentir l'entourloupe. La femme, elle, déboutonnait déjà son corsage, disant que ce n'était pas grand-chose, trois gouttes de lait, qu'elle en donnait des litres à des enfants qui n'étaient pas les siens, alors pourquoi pas à un pauvre aveugle. L'homme reboutonnait les boutons au fur et à mesure que la femme les défaisait avec ses doigts excités, il répétait « non et non ». Finalement, Blanquette bêla à propos. Intriguée par le manège de ses maîtres, la petite chèvre avait poussé le bêlement qui les fit tomber d'accord : ce ne serait pas trois gouttes de lait de femme mais de biquette que l'aveugle mettrait dans son œil. Après tout, n'y voyant rien, il n'y verrait que du feu…

Le couple revint à la boutique en riant. Le pauvre Napolitain crut que c'était la séance de traite qui avait émoustillé les époux. Il cessa de se plaindre, bougonna un merci jaloux et prit délicatement le flacon. Il lança la bourse lourde des dix écus au cordonnier, salua la belle pensant à sa revanche et sortit.

Se débarrassant de ses guenilles, il retrouva un pas alerte et se dirigea tout droit chez le sorcier. Celui-ci le fit descendre dans une cave sombre. Aux murs, étagères sur étagères, recouvertes de fioles et de pots innombrables, de toutes les tailles et de toutes les couleurs. Curieux, l'Italien interrogea son hôte à propos d'une mystérieuse racine à la forme humaine. « Il s'agit du *petit homme planté* ou mandragore. Quand on l'arrache, elle gémit de douleur… C'est une plante très rare. On dit que celui qui la possède est riche et heureux à jamais. » Le Napolitain n'osa demander au sorcier si le « on-dit » s'était vérifié. L'étrangeté du lieu et la froideur de son propriétaire commençaient à le mettre mal à l'aise. Il se tut, observant le magicien tremper une espèce de trèfle à quatre feuilles dans le flacon de lait qu'il avait préalablement chauffé. Quand « l'herbe de Paris » (c'est ainsi que l'homme l'appela) eut suffisamment macéré, il récita une incantation et tendit le récipient tiède au Napolitain en lui ordonnant de le boire. « Va maintenant, rentre chez toi et couche-toi. Tu n'auras pas le temps de t'assoupir que ta belle te rejoindra aussi douce et docile qu'un agneau. »

Le sorcier ne s'était pas trompé, ou presque. Sauf qu'à la place de la femme du cordonnier transformée en agneau, c'est sa chèvre qui se présenta au domicile du jeune Napolitain. Quelques minutes à peine après que le charme eut été lancé, elle était comme devenue folle. Sautant et tempêtant, elle avait arraché le pieu qui la retenait prisonnière et s'était enfuie de la boutique. Elle avait traversé toute la ville en bêlant de telle manière qu'elle avait ameuté toute une population de rien-à-faire qui l'escorta jusqu'au lit de son amant. Car c'est bien d'amour qu'il s'agissait : les caresses que prodigua la biquette au jeune Napolitain ne trompèrent personne.

Lorsque, après avoir beaucoup ri, Paris apprit le pourquoi de la farce, quelques esprits hostiles à la sorcellerie condamnèrent le Napolitain au bûcher. Il réussit cependant à prendre la fuite et à regagner l'Italie. On raconte depuis, de l'autre côté des Alpes, l'histoire d'un Napolitain poursuivi jusqu'à sa mort par une chèvre parisienne brûlant pour lui d'une passion toute française.

Cette histoire est inspirée d'une chronique de Pierre de L'Estoile datée du 20 décembre 1593.

LA PRIÈRE

La rumeur s'était répandue comme une traînée de poudre dans le petit port de Nanterre ; les évêques Germain d'Auxerre et Loup de Troyes priaient dans l'église. On disait qu'ils étaient envoyés par le pape sur les îles Britanniques pour y combattre l'hérésie et ils devaient embarquer tout à l'heure pour ces contrées lointaines. Geneviève interrompit ses jeux et se fraya un passage parmi les habitants qui s'assemblaient déjà sur la place et attendaient en chuchotant que les saints hommes en aient fini avec Dieu. Elle fit un signe à ses parents, Severus et Gerontia, qui la cherchaient du regard dans la foule. Ils la rejoignirent alors que Germain et Loup sortaient de l'église. Tout le monde avait maintenant la tête baissée pour recevoir la bénédiction des deux évêques. Ils passaient de l'un à l'autre, lentement, faisant le signe de croix des deux doigts levés tout en prononçant les prières d'usage.

Geneviève attendait sagement son tour, elle aussi priait, elle était heureuse, sereine, quand soudain l'évêque Germain s'arrêta devant elle. Elle leva la tête ; il souriait :

— Bonjour, comment t'appelles-tu ?

— Geneviève, monsieur l'évêque.
— Geneviève…
Il resta un instant songeur puis dit tout à coup :
— Le Seigneur m'a parlé de toi. Il t'a choisie. Sais-tu ce que cela signifie ?
— …
— Il te demande de lui consacrer ta vie. Tu es encore jeune, une dizaine d'années à ce que je vois, mais bientôt, l'exemple de tes vertus aidera nombre de pécheurs à retrouver le chemin du Bien.
Puis s'adressant aux villageois qui les entouraient :
— Voici l'élue de Dieu. C'est une chance pour vous d'avoir une telle enfant auprès de vous. Écoutez-la, faites-lui confiance, car elle est celle qui montre la voie.
Il s'agenouilla soudain devant Geneviève et certains ne purent cacher leur étonnement de voir l'évêque en position d'humilité devant une gamine…
— Geneviève, acceptes-tu…
— Oh oui ! Tel a toujours été mon souhait ! dit-elle dans un souffle.
Germain ramassa alors une piécette en cuivre qui luisait sur le sol aux pieds de la petite fille et la lui tendit.
— Mets-la autour de ton cou en souvenir de ton vœu. Cette pièce de cuivre sur laquelle figure la croix sera ton seul bijou désormais.
L'évêque Germain se leva, embrassa Geneviève sur le front et s'en alla.

Accoudée au muret de la terrasse, Geneviève regardait la ville endormie qui respirait à ses pieds. La lune teintait d'un éclat bleu l'ensemble des choses : toit, terre, fleuve. Une brise fraîche soulevait son voile et redessinait les plis de sa tunique blanche.

Elle pensait à sa promesse faite à l'évêque Germain vingt ans plus tôt et à la façon dont elle l'avait tenue. Orpheline, elle appartenait maintenant au collège des Vierges et vivait au sein de l'île de la Cité, l'île des femmes sacrées. Ses paroles étaient écoutées avec respect même s'il avait fallu l'intervention de Dieu à plusieurs reprises pour que les hommes daignent faire confiance à une femme, aristocrate de surcroît. Ils appelaient cela « miracle ». Comme ce jour, peu de temps après le départ de Germain, où elle avait versé quelques gouttes d'eau par elle bénites sur les yeux de sa chère mère qui avait aussitôt recouvré la vue. Ou cette autre fois où la Seine avait inondé tout le village ; seul l'enclos où elle aimait aller faire paître les troupeaux de son père avait été épargné par les eaux.

Elle songeait à tout cela, à la façon dont elle essayait de faire le bien, donner à ceux qui n'ont rien, à ceux qui ont faim, grâce aux biens dont elle avait hérité, et surtout, le plus important, prier, prier, prier.

Le Conseil de la cité s'était réuni dès l'aube. La plus grande confusion régnait dans Paris qui s'était éveillée au cri de « Voilà les Huns ! » et l'agitation contaminait petit à petit la réunion des sages. Le point sur la situation venait d'être fait et il n'était pas brillant. Les messagers se succédaient comme autant d'oiseaux de mauvais augure pour annoncer leur lot de funestes nouvelles : les

Barbares avaient franchi le Rhin pris dans les glaces depuis plusieurs jours. Metz, réputée imprenable, avait été totalement détruite après un long siège. Reims, Saint-Quentin et Laon avaient, chacune à leur tour, été prises et pillées. Les bruits les plus fous couraient sur ces hordes de sauvages venus de Hongrie. Ils étaient soi-disant vêtus de peaux de bêtes sauvages et buvaient le sang de leurs victimes tout juste égorgées et violées. Ils brûlaient tout sur leur passage et ne laissaient aucun survivant. On n'osait à peine prononcer le nom de leur chef, celui que l'on surnomme le « fléau de Dieu », celui sous le cheval duquel nulle herbe ne repousse jamais : Attila.

— Superstition ! Tout ce que vous avez entendu n'est que le bruit déformé et amplifié de la réalité. Certes, les Huns sont dangereux, mais ils restent des hommes, ils ne sont donc pas invincibles comme vous semblez le croire et ils restent soumis à la loi de Dieu.

Geneviève s'était avancée pour prendre la parole et tous s'étaient tus pour l'écouter. Elle continua :

— On me dit que les plus riches de la cité commencent à craindre pour leurs biens et veulent les mettre à l'abri dans des villes moins exposées ? Mais quelle ville est plus sûre que Paris, entourée de solides remparts et sous la protection de Dieu ? Et croyez-vous qu'il est prudent de partir sur les routes, alors que nous ne savons de quel côté les Barbares vont arriver ?

Les uns et les autres se regardaient, certains hochaient la tête comme pour approuver les paroles de Geneviève.

— Voilà les paroles qui apaiseront le peuple qui gronde et qui a peur. Voilà l'exemple que vous devez donner, vous, notables de la ville : restez et défendez votre cité. Mais ce n'est pas à la force des armes que nous vaincrons, mais à force de prières. Jeûnez et priez, Dieu étendra alors sa protection sur la ville et elle sera épargnée.

Le préfet Aétius approuva les paroles de Geneviève, il avait toujours eu confiance en la clairvoyance de la jeune vierge. Il réunit les habitants de la cité et les leur répéta.

Quelques hommes cependant ne l'entendaient pas de cette façon. « Jeûner et prier ? Vous croyez que des paroles pieuses suffiront à arrêter la folie d'Attila ? » D'autres commencèrent à maudire cette Geneviève qui avait toujours ce petit air supérieur et qui disait toujours tout savoir, et ils répétaient « que ce n'était pas à une femme de dire aux hommes ce qu'ils avaient à faire » et « une vierge ne connaît rien à la guerre », etc. Certains pensèrent même que c'était peut-être le moment de se débarrasser de l'enquiquineuse.

Alors que toutes ces mauvaises pensées traversaient de mauvais esprits, que certains bourgeois n'écoutant pas faisaient leurs paquets et attelaient leurs montures pour le départ, une voix se fit entendre. Un murmure plutôt, celui des prières des femmes de la ville qui assemblées dans la chapelle de l'île commençaient à prier autour de Geneviève. Et les hommes qui voulaient partir se trouvèrent sans leurs femmes, qui, sages et prudentes, avaient entendu Geneviève et s'opposaient, beaucoup pour la première fois, à la volonté des maris. Aussi, les époux maugréèrent-ils puis, impuissants devant la fermeté nouvelle de leurs épouses, restèrent.

Pendant que la ville entière veillait en prière et en oraison, cinquante mille guerriers d'Attila approchaient de Paris. Ils installèrent leur campement au pied de la cité, évitant prudemment les marécages. Un jour, deux jours, trois jours passèrent. Un matin, ils n'étaient plus là.

Sainte Geneviève (420-500) est la patronne de Paris. Son culte est resté très vivace au fil des siècles et se perpétue encore dans l'église Saint-Étienne-du-Mont où se trouve le sarcophage de pierre dans lequel fut déposé son corps. La sainte fut inhumée dans la basilique dédiée par Clovis aux apôtres Pierre et Paul au sommet d'un mont qui deviendra la montagne Sainte-Geneviève (où se trouve l'actuel Panthéon).

La tradition la représente souvent sous les traits d'une bergère. On peut la voir dans les tableaux des églises Saint-Nicolas-des-Champs et Saint-Médard, au musée Carnavalet ou encore sur les fresques du Panthéon.

LE PUITS QUI PARLE

Non loin du Panthéon se trouve une petite rue *a priori* anodine : la rue Amyot. Au XIVe siècle, elle portait un tout autre nom, bien plus évocateur pour les amateurs de mystères : la rue du Puits-Qui-Parle. Elle se faufilait entre les maisons nouvellement construites d'une montagne Sainte-Geneviève à l'allure encore presque campagnarde. Elle rappelait une histoire très ancienne que les commères du quartier racontaient à qui voulait les entendre autour du vieux puits où elles allaient puiser de l'eau. Le puits qui parle devint ainsi le puits des bavardes…

C'était peut-être au IXe siècle, mais qu'importe la date, les tragédies traversent les siècles sans se préoccuper de l'époque. Un mur séparait un antique couvent de bénédictines de la propriété d'un comte non moins antique. Un puits adossé au mur était mitoyen et fournissait en eau claire les deux maisons. Autour de ce puits se noua un drame dont voici le récit.

Le comte avait deux filles en âge d'être mariées, Irmensule et Odette. Il les aimait autant l'une que l'autre et son souhait le plus cher était de les voir heureuses. Aussi, malgré quelques réticences toutes paternelles, acceptait-il sous son toit le défilé constant de jeunes gens qui venaient courtiser ses filles. Il avait cependant mis une condition à l'inéluctable union des cœurs qui s'ensuivrait : que l'aînée se marie avant la cadette.

Or, Odette emportait tous les suffrages. Dès qu'elle apparaissait dans le salon consacré aux juvéniles rencontres, tous les regards oscillaient vers elle, les sentiments suivaient. Irmensule ne manquait pourtant pas de charme, mais sa sœur les éclipsait par sa seule présence.

Cet état des choses n'eut pas de conséquences tant qu'Odette traita ses soupirants comme d'aimables amusements. Mais l'arrivée de Raoul de Flavy bouleversa complètement la donne. Odette, pour la première fois, sentit son cœur s'emballer à la vue du beau chevalier. Elle encouragea ses marques de tendresse et bientôt la passion les rongeait tous deux. Ils échangèrent des vœux d'amour éternel et promirent de se marier.

Le jour où Raoul de Flavy vint demander la main d'Odette marqua la fin de l'innocence. Le vieux comte refusa tout net et fit mettre le chevalier dehors. Il convoqua ses filles et leur rappela dans une harangue interminable qu'il resterait inflexible quant au respect des règles que leur imposait leur rang : l'aînée serait mariée la première, quel qu'en soit le prix à payer. Odette se mit aussitôt à protester, hurla qu'elle préférait mourir plutôt que de renoncer à Raoul. Aux vieux maux, les vieux remèdes : devant l'hystérie qui s'était emparée de sa fille, le père usa de la sagesse ancestrale et fit enfermer la rebelle dans le couvent des bénédictines voisin.

Loin de la calmer, la perspective d'être cloîtrée fit redoubler la rage d'Odette. Elle cria de telles abominations que les bonnes sœurs, dans un élan de charité toute chrétienne, la mirent au pain sec et à l'eau dans un cachot !

Lorsque Raoul de Flavy vint se présenter le lendemain pour tenter d'infléchir la décision du vieux comte, celui-ci lui rétorqua que la belle avait dû se rendre précipitamment en Bretagne auprès de sa tante malade… Piètre mensonge mais qui fit son effet.

Quelques saisons se succédèrent. Le temps usa de sa patine et le jeune homme, qui ne pouvait se résoudre à ne plus visiter une demeure où il avait connu de si doux moments, continua à la fréquenter. Au début, il demandait immanquablement des nouvelles d'Odette. Peu à peu, le souvenir de la jeune fille s'estompa puis s'effaça totalement devant une Irmensule bien présente. L'aînée, en l'absence de sa sœur, prit du relief et bientôt Raoul ressentit à son égard des sentiments déjà éprouvés mais assez forts pour qu'il formule sa demande. Elle fut acceptée, par le père et par la fille.

Un jour qu'ils réglaient les derniers détails du mariage enlacés sur la margelle du puits, une voix s'éleva de ses profondeurs humides :

— Traîtres, menteurs, vous êtes mes bourreaux ! Je vous maudis !

La malédiction lancée avec haine glaça les deux tourtereaux d'effroi. On fit appeler un curé qui aspergea le puits d'eau bénite, on organisa une procession pour effrayer le diable qui, à n'en pas douter, s'y était réfugié. Mais rien n'y fit. La voix caverneuse sembla au contraire s'enfler pour devenir encore plus virulente.

Dans le quartier, le bruit que le Malin hantait la demeure du vieux comte ne tarda pas à circuler, puis à être dans toutes les bouches. Le comte, ne supportant plus ces médisances, s'installa avec le jeune couple sous un toit plus hospitalier dans le centre de Paris.

Quant à la voix qui sortait du puits, on l'entendit encore quelque temps puis elle s'éteignit soudainement. On mit cela sur le compte des caprices du diable. Personne ne fit le rapprochement avec Odette, qui du fond de son cachot, cria sa douleur jusqu'à n'avoir plus que la force de mourir. Personne, sauf l'abbesse du couvent des bénédictines et le vieux comte, les seuls à se douter qu'une fissure dans le mur de la cellule devait laisser passer le filet de voix qui déformé, remontait le long du puits pour maudire ses bourreaux.

Le nom du « puits qui parle » a échauffé l'imagination populaire qui a forgé différentes légendes tentant de l'expliquer. Pour certains ce n'était pas la voix d'Odette qu'il fallait entendre, mais celle d'une bavarde précipitée au fond de ce trou humide par un mari pressé d'obtenir le silence... Loin de la faire taire, cette tentative ratée d'assassinat lui donna de nouvelles raisons de brailler. Les plus dévots ont eux entendu des psaumes s'élever du puits. Ils ont crié au miracle puis se sont ravisés : un reclus avait en réalité élu domicile dans ses profondeurs providentiellement taries et récitait en continu les sept psaumes de la pénitence. Cela aurait duré trente ans... Selon les rationalistes, c'était tout simplement un écho répétant à l'identique les paroles prononcées. Quoi qu'il en soit, la variété des versions prouve la popularité d'un puits qui entra dans la tradition.

SAINT-MARCEL ET LE DRAGON

Le bourg Saint-Marcel vivait sans histoire jusqu'à ce que l'on vienne remuer son sous-sol un beau jour de l'année 1946. Il se réveilla au son des pioches des ouvriers, embauchés pour le percement des avenues qui se croisent au carrefour des Gobelins. Ce que l'on mit au jour, en creusant la terre, c'est une nécropole gallo-romaine. Alors, la découverte de ce vaste cimetière remontant aux premiers temps de Paris ébranla les mémoires et délia les langues. On se mit à raconter une histoire. Aujourd'hui, le macadam recouvre le boulevard Saint-Marcel et les morts ont retrouvé la paix. Mais à la surface, les mots continuent leur ronde et ne cessent de se raconter.

On dit qu'au Ve siècle vivait à Paris une dame au sang noble mais à la vie débauchée. Elle avait un époux, certes, mais certaines femmes sont faites comme cela : un seul ne suffit pas. Alors elle allait chercher son plaisir dans les draps d'autres hommes, et des draps, il y en eut beaucoup. Il y en eut tant, le péché enfla si bien, que sur son lit de mort la dame ne put se résoudre à le confesser.

Toute la ville savait, bien sûr, la ville est curieuse. Mais au souvenir de son plaisir, la coquine ne sut se repentir. Elle se tut donc. Son opprobre était tel que l'on ne pouvait décemment enterrer la pécheresse en terre consacrée. On jeta sa dépouille dans une fosse, hors de la ville, et on l'oublia.

Or, en ce temps-là, la forêt bordait la ville. En son cœur, personne n'osait s'aventurer. Pas même les paysans en période de disette. Ils auraient pu chasser ou cueillir des baies sauvages. Mais ils avaient trop peur. Aussi, des êtres étranges y proliféraient, à l'abri du regard des hommes. Parmi eux vivait un dragon. On se doutait de son existence, mais nul n'en était sûr. On osait à peine l'évoquer les soirs de veillée.

Un jour, le dragon sortit du bois. Ceux qui l'ont vu racontèrent qu'il fouillait le sol, à l'endroit où la terre est plus claire. Là où elle vient d'être remuée, retournée, à peine tassée pour recouvrir les corps. Le dragon creusait de ses deux pattes aux griffes puissantes les tombes du cimetière des pêcheurs. Le dragon au corps recouvert d'écailles vertes se repaissait du cadavre de la noble catin. Sa queue enroulée sur elle-même frémissait de plaisir en faisant craquer les os délicats. C'en était trop pour les simples. Certains trépassèrent d'horreur à la vue de ce spectacle. Il fallait faire quelque chose. Il fallait appeler l'évêque Marcel à la rescousse.

Des gens hurlants se précipitèrent chez lui et le supplièrent d'intervenir. Après avoir écouté le discours décousu de ses ouailles affolées, il accepta de combattre le dragon. Marcel n'était pas homme à craindre un monstre. Il avait plusieurs miracles à son actif, dont la transformation de l'eau en vin, qui avaient solidement assis sa réputation. Il était fort, courageux et surtout il avait une crosse et un costume d'évêque.

Marcel marcha vers la forêt d'un pas décidé. Le troupeau apeuré des fidèles le suivait. Il s'arrêta à quelques dizaines de pas de la tombe monstrueusement profanée. Il s'agenouilla, fit une prière et marcha au-devant du dragon. Lorsqu'il le vit, le gigantesque reptile cessa de s'empiffrer. Il jaugea du regard cet être vêtu différemment des autres et qui semblait être leur chef. Marcel s'approcha de la bête immobile et lui frappa la gueule de trois coups de crosse. La foule eut un mouvement de recul, s'attendant à une riposte de la part du monstre. Mais à la surprise générale, celui-ci baissa la tête, comme pour demander grâce. Marcel lui passa son étole autour du cou et fendant la foule des Parisiens émerveillés, l'emmena au bord de la Seine. Là, il lui ordonna : « Ou tu te jettes à la mer ou tu t'en vas au désert ! » Le dragon se précipita dans l'eau et on le vit disparaître, emporté par les flots glacés vers son tombeau salé.

Bien des années plus tard, lorsque, après avoir sauvé une multitude d'âmes, Marcel se vit enfin accorder le repos éternel, son corps fut inhumé sur les lieux mêmes de son exploit le plus célèbre. Ainsi veille-t-il encore, au-delà de la mort, à la paix des dépouilles mortelles.

On trouve de nombreuses représentations de saint Marcel foulant aux pieds le dragon au portail des anciennes églises de Paris, notamment de Notre-Dame.

Le souvenir du miracle s'est perpétué également grâce à un dragon en osier suspendu jusqu'au XVIII{{e}} siècle dans l'église Saint-Marcel. On le promenait à travers la ville lors des processions des Rogations et la foule jetait dans sa gueule des fruits et des pâtisseries.

LES AMANTS DE LA TOUR DE NESLE

À deux pas du Pont-Neuf file une petite rue, autrefois boyau noir et sinistre, la rue de Nesle. Voilà tout ce qui reste du vaste hôtel de Nesle, construit sur les rives de la Seine, face au Louvre, et acquis par Philippe le Bel en 1308. Sa tour surtout devint célèbre. Ancienne forteresse de l'enceinte de Philippe Auguste, elle fut le théâtre de passions adultères dont le scandale éclaboussa la famille royale. Aujourd'hui, le temps ayant fait son œuvre, ce sont les pas honorables des membres de l'Institut de France qui foulent ses anciennes fondations.

Il était une fois trois princesses de Bourgogne qui avaient épousé les trois fils du roi de France, Philippe le Bel. Marguerite s'était donnée à Louis, Jeanne à Philippe et Blanche à Charles. Le roi espérait voir naître de ces trois couples dans la fleur de l'âge de robustes garçons qui poursuivraient, une fois sur le trône, l'œuvre des Capétiens. Mais le temps passait et aucun des ventres de ses brus ne semblait s'arrondir en vue de donner naissance à un héritier.

Le roi était loin de se douter que les ventres de ses belles-filles étaient occupés à tout autre chose. Enfin, la chose n'était pas éloignée mais le but poursuivi, si. Les trois cousines, quelque peu délaissées par leurs maris, avaient trouvé auprès d'assidus gentilshommes le réconfort qui leur faisait tant défaut dans la couche conjugale.

Tout avait commencé dans le somptueux palais de la Cité. Là, dans la chaleur des murs recouverts de tapisseries, dans le bruit des fêtes et des réceptions données par le roi, les trois princesses s'étaient laissé aller à écouter les galanteries tendres, les mots qui chavirent le cœur et ouvrent l'appétit aux sens. Marguerite et Blanche s'éprirent de deux frères, à leur habitude. Le premier rendez-vous fut donné à la tour de Nesle, suffisamment isolée pour s'assurer la prudence, pensaient-elles.

C'est ainsi que les petites filles de Saint Louis empruntèrent le souterrain de la rue de Nesle qui menait au lieu de tous les plaisirs. Elles avaient chèrement payé la complicité de domestiques qui avaient aménagé un véritable nid d'amour. La première rencontre fut suivie de bien d'autres. Pendant que Jeanne faisait le guet sur la terrasse qui dominait la tour et surplombait la ville, ses cousines enfreignaient allègrement le sacrement du mariage.

Les mois succédaient aux semaines et Philippe le Bel désespérait de bercer un jour un nouveau-né. Le peuple également s'inquiétait, à voix basse d'abord, puis tout haut. Des rumeurs fâcheuses circulaient dans Paris expliquant par le bon sens l'absence de naissance : « Le diable a livré les trois brus du roi à un moine. »

Isabelle, reine d'Angleterre et fille du roi, était alors de passage à Paris. Trouvant une mine détestable à son père, elle le harcela de questions. Celui-ci finit par lui avouer qu'il sentait sa fin proche et que la perspective de mourir sans s'être assuré de la continuité de la lignée lui rongeait les sangs. Isabelle n'était pas femme à laisser les événements prendre une tournure contraire à ses desseins. Elle observa et vit la mine épanouie de Marguerite et Blanche, celle inquiète de Jeanne. Elle écouta les bruits du palais et les mauvaises langues de la rue. Elle parla à ses frères, n'en tira rien que de l'indifférence quant aux affaires de leurs femmes. Elle prit les choses en main et décida de tendre un piège à ses trop roses belles-sœurs.

Prétextant l'anniversaire de Marguerite, elle offrit aux trois cousines de magnifiques aumônières délicatement brodées. Ravies, les jeunes filles les attachèrent aussitôt à leur ceinture. Quelques jours plus tard, un bal était organisé au palais. Isabelle vit ses trois belles-sœurs plus en beauté que jamais mais sans leur aumônière à la ceinture. Étonnée qu'elles ne lui fassent pas l'honneur d'orner leur robe de son présent, elle allait s'approcher d'elles pour les questionner quand deux jeunes hommes, plus prompts qu'elle, se précipitaient déjà aux pieds de Marguerite et de Blanche. À voir le plaisir teinté de gêne qu'ils avaient à se saluer réciproquement, Isabelle pressentit l'évidence qu'un regard à leur ceinture confirma : ils étaient amants.

Les aumônières offertes aux jeunes filles pendaient aux ceintures des jeunes hommes et cela était une preuve suffisante pour en alerter le roi.

Philippe le Bel aurait pu agir discrètement, éloigner ses brus débauchées quelques mois, le temps que la Cour et le peuple se passionnent pour une autre histoire. Mais à la veille de mourir, il souhaitait se présenter le plus juste possible au-devant de celui qui allait le juger. Il savait que là-haut, sang bleu ou pas, tous les hommes sont égaux devant Dieu. Des membres de la famille royale avaient enfreint les vœux échangés lors de la cérémonie du mariage : ils devaient être condamnés avec la même sévérité qu'un vulgaire sujet.

Il ordonna une enquête qui confirma ce que le tout-Paris ne savait déjà que trop : ses fils étaient cocus. Après s'être mis dans une colère dont les aigus firent voler en éclats toutes les glaces du palais, il érigea une cour suprême pour juger les princesses. Marguerite et Blanche furent tondues et enfermées au Château-Gaillard des Andelys. Jeanne, accusée sans preuve, fut reléguée au château de Dourdan.

Quant aux deux frères d'Aulnay, ils reconnurent avoir pêché après torture. Ils subirent le supplice sur la place de Grève. Écorchés vifs, leur « nature », comme dit le poète, fut arrachée et jetée en pâture aux chiens. Traînés dans cet état sur du chaume fraîchement coupé, ils furent finalement décapités puis pendus par les aisselles afin que les oiseaux nécrophiles achèvent l'œuvre du bourreau.

Le scandale qui éclata ébranla fortement Philippe le Bel qui mourut peu après. Son fils aîné lui succéda. Le jour de son sacre, celui qui devenait Louis X le Hutin faisait dans un même temps mettre à mort sa femme. Elle rendit son dernier souffle la tête serrée entre deux matelas.

Blanche, grosse mal à propos, fut répudiée par son mari. Celui-ci employa un geôlier chargé de l'avilir par la force. Sa beauté finit de se flétrir sous le voile qu'elle prit après l'annulation de son mariage par le pape. Elle mourut à l'abbaye de Maubuisson à l'âge de vingt-neuf ans.

Jeanne dont la dot, la Franche-Comté, ne pouvait être perdue, connut un sort plus doux. Une fois roi, Philippe V le Long, son mari, la sortit de sa prison et la fit réhabiliter par un arrêt du Parlement. Elle régna à ses côtés et lui survécut même sept ans.

Veuve, encore jeune et enfin libre, Jeanne vint habiter l'hôtel de Nesle. Elle retrouva dans sa tour les émois qu'avaient connus ses sœurs quelques années plus tôt. On l'a vue guetter les passants depuis l'une des fenêtres de la tour. Arrêtant ceux dont la figure lui était agréable, elle les faisait monter pour partager un moment de plaisir. À peine leur pantalon remonté, les pauvres diables étaient précipités dans la Seine. En bas, un valet achevait de les noyer.

On raconte qu'un certain Buridan, alors étudiant, eut la chance d'en réchapper. Plus malin que les autres, il avait fait poster une barque remplie de foin sous la fenêtre donnant sur le fleuve. Une fois la reine culbutée, il sauta de lui-même par la fenêtre. Villon, dans sa *Ballade des dames du temps jadis*, évoque l'épisode :

> « Où est la reine
> Qui commanda que Buridan
> Fût jeté en un sac en Seine ? »

Buridan échappa à la fureur de la reine et raconta son aventure à toute l'Université. Quelques années plus tard, il en était le recteur.

L'histoire ne dit pas si c'est la légèreté des trois princesses ou l'indifférence de leurs maris qui précipita la fin des Capétiens. Quoi qu'il en soit, les trois fils de Philippe le Bel se succédèrent sur le trône mais ne firent qu'y passer. Ils moururent jeunes et sans succession. Le peuple jugea les trois mariages maudits, il y vit le signe d'une vengeance céleste. Peut-être celle lancée par la bouche tordue par la haine de Jacques de Molay ? Mais ça, c'est une autre histoire… (voir « La malédiction des Templiers »).

LE DIABLE VAUVERT

Qu'ils semblent calmes aujourd'hui les jardins de l'avenue de l'Observatoire qui prolongent le Luxembourg. Sous les arbres centenaires subsiste cependant à n'en pas douter encore quelque cavité inquiétante, dernier vestige des carrières vieilles de dix siècles qui abritèrent autrefois le diable.

En ce temps-là, aucune bâtisse d'importance ne troublait le calme campagnard de cette petite vallée du sud de Paris. Des vergers luxuriants côtoyaient de nobles vignobles et seul le rire des paysans interrompait le temps des récoltes le chant des oiseaux.

Le roi Robert, fils d'Hugues Capet, cherchant quelque paisible retraite pour se retirer après son excommunication, tomba amoureux de ce lieu-dit bien nommé « Val-Vert » un jour qu'il se rendait à Orléans par la voie qui traversait le clos. Il acquit le terrain et s'y fit construire avec les pierres de la carrière voisine une austère forteresse que l'on désigna bientôt comme le château de Vauvert. Malgré les on-dit à propos de quelque soirée orgiaque et autre fête scandaleuse qu'il donna peut-être dans la demeure reculée, Robert, à force de prières et de mortifications, devint Robert le Pieux.

À sa mort, ses successeurs refusèrent de poursuivre l'entretien de l'imposante bâtisse, jugée trop éloignée de la ville, et l'abandonnèrent aux ronces et aux corbeaux. Elle serait sans doute devenue une ruine silencieuse et sans histoire si le diable n'avait élu domicile dans ses souterrains aux profondeurs insondables.

Le quartier tout entier se terrait alors dans ses chaumières dès la nuit tombée. L'obscurité se peuplait de formes inquiétantes et résonnait de bruits inhumains. Plusieurs enfants disparurent, mais personne n'osa s'aventurer dans cet amas de vieilles pierres entre lesquelles luisaient certains soirs des lueurs fantastiques. Les familles éplorées rassemblaient simplement leurs affaires et quittaient ce lieu maudit, habité par le diable Vauvert.

Seuls quelques mendiants et brigands osèrent s'abriter pour un temps dans ce lieu désolé, soit que leur misère ne leur laissât même plus le luxe de la superstition, soit que la compagnie du diable restât préférable à celle de la justice du roi. Au premier croissant de lune, les malandrins se postaient dans les fossés qui longeaient la vieille route et malheur au premier voyageur nocturne qui passait par là : il se faisait aussitôt dépouiller de ses effets quand il n'y poussait pas son dernier soupir. Les pauvres êtres qui eurent la vie sauve et que l'on vit revenir à pied en tenue d'Adam à Paris dirent qu'ils avaient vu l'enfer. Aussi la voie d'Orléans prit bientôt le nom de « voie d'Enfer » et la porte de l'Université fut baptisée « porte d'Enfer ».

Mais le diable Vauvert n'aima point qu'on lui vole la vedette. Il lui suffit de se montrer une fois ou deux pour que la mauvaise société qui profitait de sa réputation et de son domaine quittât les lieux sans demander son reste. Les rapports de police des bandits interceptés l'air hagard et les yeux comme sortis de la tête sur la voie d'Enfer, contiennent des récits plus effrayants les uns que les autres. Certains dirent avoir vu « un monstre vert avec des cornes rouges », d'autres décrivirent une créature « mi-homme, mi-serpent ».

En 1257, Saint Louis, excédé par l'ampleur que prenait l'affaire et par le frein qu'elle représentait au développement de la cité, fit don du Val-Vert aux Chartreux. Il ne doutait pas que les disciples de saint Bruno sauraient, à force de prières, vaincre le Malin et il lui était agréable de voir cet ordre de bien se rapprocher de la capitale. Les moines furent à la fois heureux de cette offre somme toute alléchante – le terrain était vaste, l'air pur et la vue imprenable – et inquiets d'avoir à affronter son terrible locataire.

Ce soir-là, les religieux redoublèrent d'ardeur dans la prière pour se préparer à affronter les puissances du mal. À l'aide de vieux plans conservés par le roi, ils préparèrent toute la nuit leur excursion du lendemain, étudiant chaque dédale et la moindre entrée du souterrain interminable afin de ne pas se laisser surprendre ou se laisser perdre.

Ils quittèrent au petit matin leur rassurant petit couvent de Gentilly. À l'heure dite propice au cheminement des mauvais esprits, ils arrivèrent en vue des ruines de Vauvert. Ils entrèrent le 21 novembre dans l'enceinte du diable et luttèrent trois jours et trois nuits sans relâche. Ils exorcisèrent méticuleusement chaque pierre et chaque broussaille. Ils pénétrèrent dans les souterrains de l'Enfer et gagnèrent pas à pas du terrain sur le diable, le forçant à disparaître dans les entrailles de la terre.

Les braves gens de Paris ne purent dormir tant que dura le combat : un bruit de tonnerre battait l'air chargé de soufre, des brouillards maléfiques s'abattirent sur la ville et beaucoup crurent que la fin du monde avait sonné. Le calme se fit soudainement, dans la nuit du 24. Le peuple courut au Val-Vert célébrer les religieux victorieux. Leur courage permit de rassembler de nombreux dons qu'ils employèrent à la construction d'un magnifique monastère. Plus tard, les Chartreux transformèrent les anciennes carrières en de majestueuses caves où ils distillèrent les célèbres liqueurs.

On oublia les frasques du Malin, mais une trace de l'aventure subsista dans le langage des Parisiens. Ils prirent l'habitude de traiter de « diable vauvert » tout voyageur inquiétant. Le mot s'usa, glissa d'usage et « aller au diable vauvert » signifie aujourd'hui envoyer la personne à qui l'on adresse cette expression en quelque endroit où l'on ne risque pas de croiser sa figure.

LES RACONTARS DE LA TOUR EIFFEL

Guy de Maupassant faisait partie des quarante-sept signataires de la fameuse lettre de protestation envoyée en février 1887 au ministre des Travaux publics demandant l'arrêt de la construction d'un monument qui défigurerait Paris. Il vouait un tel mépris à cet édifice qu'il déjeunait souvent dans l'un des quatre restaurants situés sur sa deuxième plate-forme. C'était en effet le seul endroit de la capitale où il était certain d'échapper à la vue de la « tour de 300 mètres » !

*
* *

L'ascension de la tour Eiffel est une excellente thérapie contre l'anémie et la dyspepsie. Ce sont les conclusions du gendre de Gustave Eiffel qui dirigea une série d'expériences physiologiques sur les effets de l'altitude sur l'organisme humain et nota : « Lorsqu'on monte à la terrasse de la troisième plate-forme de la tour [...] les sujets ressentent un sentiment de bien-être, d'activité générale, d'excitation. La satisfaction d'un isolement sur un plateau où se développe un aussi vaste horizon, et où règne un air d'une grande pureté et particulièrement vivifiant détermine, principalement chez les femmes, une excitation psychique se traduisant par la gaieté, des conversations animées, joyeuses, le rire, l'attrait irrésistible à monter plus haut encore [...]. Pour peu que le séjour se prolonge, cette impression s'accentue. Il se produit une sensation d'appétit remarquable. »

*
* *

Profitant de la passion qui s'était emparée de l'Europe pour la tour Eiffel, un citoyen de Silésie prussienne eut l'idée de récolter des fonds destinés à acheter de la toile pour fabriquer une housse censée protéger la tour pendant l'hiver ! Lorsqu'il fut arrêté en mars 1891, à ceux qui l'accusaient d'escroquerie, il soutint sans vergogne agir pour le compte de Gustave Eiffel.

*
* *

Par une chaude soirée d'août 1891, un homme monte les escaliers de la pile nord. C'est un ouvrier typographe dont la petite histoire n'a pas retenu le nom. À la lueur d'une bougie, il rédige une lettre : après sa mort, il lègue la totalité de sa fortune (ses vêtements) à Gustave Eiffel. L'homme ensuite se déshabille et se pend. C'est le premier de la longue série de suicidés de la tour Eiffel (360 en 1977).

*
* *

En 1903, le ministère de la Guerre est si peu convaincu de l'utilité de la télégraphie sans fil (TSF) que c'est Gustave Eiffel qui finance les premières expériences du capitaine Gustave Ferrié... Il prête sa tour, y installe un laboratoire et, cinq ans plus tard, communique avec l'Europe, l'Afrique du Nord et l'Amérique du Nord. L'armée reconnaît alors l'intérêt de la TSF et implante « irrévocablement » une station militaire secrète au Champ-de-Mars : le poste est souterrain et son entrée est soigneusement dissimulée dans un massif de verdure, en dehors des allées les plus fréquentées. C'est ce qui sauva la tour de la destruction puisque l'échéance de la concession obtenue par Eiffel était de vingt ans (et expirait donc en 1909)...

Le 1er août 1914, la tour Eiffel est réquisitionnée. Elle accède au statut de « Centre militaire radiotélégraphique » et son sous-sol se peuple de spécialistes du déchiffrage des codes secrets. Depuis son centre d'écoute, on capte tous les messages militaires et privés échangés sur terre et sur mer, de la Russie à l'Espagne. Ces indiscrétions permettent l'arrestation de nombreux agents secrets.

Au cours de l'année 1915, le Deuxième bureau capte un message désormais célèbre : « H 21 parti en cure. » H 21 n'est autre que le nom de code de Mata Hari, l'espionne la plus sulfureuse du XXe siècle. Le capitaine Ledoux, chef des services secrets français, fait vite le rapprochement entre la courtisane, connue pour ses langoureuses danses exotiques, qui est venue la veille au ministère de la Guerre demander une autorisation pour se rendre à Vittel et H 21. La soupçonnant d'être une espionne au service des Allemands, il a cédé à son jeu favori en l'engageant également mais comme agent des services secrets français. Il lui a demandé de séduire un officier allemand et de lui extorquer des renseignements. Rien de plus facile pour Mata Hari dont c'est la spécialité.

Elle se rend à Madrid et en un rien de temps réduit le major Kalle en gentil toutou. Celui-ci ne se méfie pas puisqu'il sait Mata Hari au service de son camp. Il lui révèle sur le ton de la conversation un renseignement de première importance, que notre « redoutable » espionne transmet à Ledoux par la poste ! Sa naïveté signera son arrêt de mort. Les Allemands, qui prenaient évidemment la précaution de lire le courrier avant de l'expédier, découvrent que Mata Hari les a doublés. Kalle retrouve un semblant de dignité en donnant son amante aux Français. Il envoie plusieurs télégrammes de Madrid à Berlin. Il sait que les Français les décoderont, alors il dissimule l'identité de Mata Hari sous le code H 21, mais donne suffisamment d'indices (l'adresse de sa bonne par exemple) pour que le Deuxième bureau fasse le rapprochement…

Ledoux fait surveiller l'espionne pendant six semaines avant de la faire arrêter. Enfermée à la prison de Saint-Lazare, il espère que la vermine, la faim et la crasse viendront à bout de sa résistance et la feront parler. Mata Hari se tait, nie être une espionne, répète : « Je ne peux vous dire ce que je ne sais pas. » Mais lorsque Bouchardon, chargé de l'interroger, lui met sous le nez un télégramme avec son nom de code H 21, elle flanche.

Son procès a lieu le 24 juillet 1917. Dans la France en guerre, on n'a aucune indulgence pour les espions. Mata Hari est condamnée à mort pour « intelligence avec l'ennemi ». Et même si elle n'a jamais fourni de secret militaire sérieux – si ce n'est à la France ! –, elle finira face au peloton d'exécution le 15 octobre 1917. On raconte que devant son élégance et son courage, un seul des treize soldats chargés de l'abattre ce jour-là au bois de Vincennes aurait tiré. On raconte aussi qu'en attendant la mort, dans sa cellule, elle aurait exécuté une dernière danse, la danse des sept voiles…

*
* *

Le 23 septembre 1958, en pleine guerre d'Algérie, le FLN tente de faire sauter la tour Eiffel. Pour réduire au silence les émissions radiotélégraphiques et télévisées, les nationalistes algériens cachent une bombe dans les toilettes pour dames de la troisième plate-forme. Madame pipi, alors qu'elle prenait ses fonctions, ne s'attendait pas à une telle découverte : deux kilos et demi d'explosifs reliés à un mécanisme d'horlogerie. Elle alerte aussitôt les gardiens de la tour qui appelèrent les services compétents. La bombe défectueuse fut désamorcée.

*
* *

Par une magnifique journée de juin 1959, un petit groupe d'écoliers de Seine-Maritime s'apprête à visiter la tour Eiffel. Tout excité, Julien Bertin n'est pas le dernier à s'exclamer : « Comme elle est grande ! » Alors qu'il va franchir le tourniquet d'accès, le nez en l'air, un gardien l'arrête :

— Tu es le trente-cinq millionième visiteur de la tour Eiffel, tu as gagné une auto.

— Chic alors ! Mais comment savez-vous que c'est mon jouet favori ?

— Ce n'est pas un jouet, c'est une véritable auto, pour ton papa !

M. Bertin devint un inconditionnel de la tour Eiffel. Il dut cependant prendre un chauffeur pour conduire la jolie Simca, en attendant de passer son permis de conduire…

LE BAL DES ARDENTS

Du temps de Charles VI s'élevait au bourg Saint-Marcel un magnifique hôtel entouré de jardins. On le désignait comme celui de la « Reine Blanche » sans que quiconque n'ait jamais pu nommer précisément la reine qui se cachait sous l'expression. Car à cette époque, les veuves des rois de France portaient le deuil en blanc et recevaient le titre de Reine Blanche. La mode du noir, importée d'Espagne, n'avait pas encore traversé les Pyrénées. Les historiens ont donc émis nombre d'hypothèses quant à l'identité de la mystérieuse propriétaire de l'hôtel. Était-ce Jeanne d'Évreux, la troisième femme de Charles IV ou la seconde épouse de Philippe de Valois, Blanche d'Évreux ? Blanche de Bourgogne ou Blanche de Castille ?

Une autre histoire courait pourtant, de bouche à oreille, chez les petites gens du bourg. Celle d'une Reine Blanche qui régnait sur un vaste domaine jouxtant la demeure bien avant que le roi Fol ne l'acquière. Elle apparaissait la nuit seulement : quelques vivants l'avaient vue veiller sur les âmes du cimetière Saint-Martin, entourée de sa cour de feux follets. Ils rapportèrent qu'elle était si belle qu'elle devait être fée. Ils pensent que c'est elle qui a laissé son nom à l'hôtel, puis à la rue. Ils disent qu'un certain soir elle aurait été gênée dans sa retraite par une certaine fête dont voici le récit.

Le royaume de France avait alors à sa tête un roi qui n'avait plus toute la sienne. Il n'a pas vraiment marqué l'Histoire, si ce n'est par sa folie qui fut considérablement grandie par le triste épisode qui nous occupe. On le surnomma Charles le Fol, en réalité Charles VI, fils de Charles V comme le veut la mathématique royale. Il avait épousé Isabeau de Bavière, jolie et gaie jouvencelle de quatorze ans. Les chroniques se souviennent du couronnement de cette reine par un ange alors qu'elle traversait le pont menant à Notre-Dame. Le peuple y vit le présage de quelque grand événement. Il n'en fut rien, du moins rien de ce qu'il avait imaginé. La reine, d'abord aimée, devint la femme la plus détestée de France lorsqu'elle prit la liberté de quitter le lit de son époux. Il faut dire qu'elle n'avait guère apprécié, une nuit, de se faire battre par le roi possédé par ses démons. Craignant pire, elle laissa sa place dans la couche jugée dangereuse à une fille de marchand de chevaux, bientôt appelée la petite Reine, tant à Paris qu'à la Cour. Ainsi, pendant qu'Odette de Champdivers prenait les coups destinés à Isabeau, cette dernière s'était établie dans son propre hôtel pour y recevoir son amant, le frère du roi en personne, le duc d'Orléans.

Entre deux infidélités eut lieu le remariage d'une des dames d'honneur d'Isabeau, Catherine. Comme l'affection de la reine pour sa suivante était grande, quantité de réjouissances furent organisées pour divertir la Cour. C'est l'hôtel de la Reine Blanche qui fut choisi pour accueillir les nombreux invités à la noce. La demeure isolée hors de Paris se remplit bientôt des bruits de la fête. Mascarades et danses faisaient défiler à toute vitesse les heures de cette nuit de janvier 1393, quand brusquement le temps s'arrêta. Six sauvages attachés l'un à l'autre venaient de faire irruption dans la salle de bal ! Les dames, demoiselles, écuyers et chevaliers qui dansaient cessèrent tout mouvement pour regarder l'étrange spectacle. Quand ils comprirent qu'il s'agissait d'un charivari, les rires commencèrent à fuser. Les six hommes déguisés sautaient comme des diables, dansaient la sarrasine, allaient d'un invité à l'autre en poussant des hurlements de bêtes. La mascarade était ridicule, tout le monde s'amusait, l'effet était des plus réussis. Le bruit courut bientôt que le roi faisait partie des sauvages. Le jeu consista aussitôt à l'identifier. Ce n'était pas chose facile car lui et ses compagnons avaient revêtu des cottes de toile recouvertes de poix et de poils de la tête aux pieds. C'est alors que le duc d'Orléans prit une torche portée par l'un de ses valets et l'approcha de l'un des hommes déguisés pour voir sa figure. Aussitôt le feu prit à la poix qui tenait la fourrure et se répandit d'un sauvage à l'autre. Ils flambaient en poussant des cris terribles et ceux qui tentèrent de leur porter secours ne réussirent qu'à se brûler les mains. Seuls le roi et le seigneur de Nantouillet furent sauvés. Le premier dut son salut à la duchesse de Berry qui étouffa le feu avec sa traîne. Le second à de l'eau de vaisselle qui croupissait dans un bac dans les cuisines.

Lorsque le peuple de Paris apprit la nouvelle le lendemain, il se mit en colère. Il aurait probablement étripé le duc d'Oréans, qu'il n'aimait déjà pas beaucoup, si le roi n'avait pas parcouru la ville pour l'apaiser. Il faut dire que celui-ci était l'héritier de la Couronne, aussi les petites gens virent-elles de la malveillance dans ce geste que le roi, lui, pardonna.

Le clergé non plus n'apprécia pas que le roi participe à un charivari jugé sacrilège. Que la personne sacrée du souverain se travestisse en animal sauvage pour se moquer d'une veuve remariée deux fois, voilà qui n'était pas sérieux. L'objet d'un véritable scandale.

Mais le plus sévèrement atteint par l'épisode que tous nommèrent depuis « le bal des Ardents » fut le monarque. Les images de ses compagnons dévorés par la poix ruisselant sur leur corps hantèrent ses nuits déjà agitées. Le roi s'enfonça dès lors dans une folie de plus en plus opaque. Il s'imaginait marchant au crépuscule, dans les jardins de l'une de ses demeures, hors de la ville, en compagnie de la Reine Blanche. Il ordonna la destruction immédiate des lieux de la catastrophe, mais l'hôtel de la Reine Blanche rasé ne suffit pas à effacer les apparitions de celle qui lui tint compagnie jusqu'à la fin de ses jours.

Le bal des Ardents eut véritablement lieu, le mardi 28 janvier 1393. Si les chroniqueurs de l'époque l'ont situé à l'hôtel de la Reine Blanche, les historiens contemporains s'accordent à dire que c'est à l'hôtel Saint-Paul (dans l'actuel Marais), demeure de Charles VI, qu'il se déroula.

D'OÙ JEAN GOBELIN TIRA LE SECRET DE L'ÉCARLATE

Au n° 42 de l'avenue des Gobelins se trouve l'entrée de la Manufacture des Gobelins. Elle tient son nom de la famille Gobelin car c'est dans leur domaine ancestral, racheté en 1667, que Louis XIV rassembla les meilleurs artisans de France (ébénistes, orfèvres et tapissiers) pour fonder la Manufacture royale des meubles de la couronne. Cette appellation ronflante n'était pas du goût des Parisiens qui la rebaptisèrent « Manufacture des Gobelins », bien que les Gobelin n'aient jamais fabriqué un mètre de tapisserie ! Un siècle plus tôt déjà, ils désignaient la Bièvre, rivière aujourd'hui recouverte, comme la « rivière des Gobelin », du nom des célèbres teinturiers qui s'installèrent sur ses bords pour y teindre l'écarlate comme d'aucuns. Leur réputation était telle qu'il ne tarda pas à courir quelques rumeurs sur la façon dont Jean, le fondateur de la dynastie, avait obtenu le secret pour teindre l'étoffe mieux que personne.

Jean avait beaucoup d'humour mais il n'aimait pas que l'on se moque de lui. Alors, quand certains objets commencèrent à changer de place sans que quiconque se soit introduit dans la maison, ou à disparaître sans jamais réapparaître, il se dit que quelque chose ne tournait pas rond.

Un soir qu'il allait se mettre à table et se régalait d'avance d'un certain ragoût d'agneau mijoté qui le narguait de son fumet depuis deux heures, il se trouva bien sot lorsqu'il ouvrit le tiroir du buffet : plus un seul couteau pour couper la viande, plus une seule fourchette pour piquer les pommes de terre, plus une seule cuillère pour se régaler de la sauce !

« C'en est trop, la coupe est pleine ! Si je mets la main sur le petit malin qui se joue de moi (là, le brave homme haussa le ton au cas où le malin en question aurait une oreille qui traîne), je jure qu'il passera un sale quart d'heure ! »

Jean laissa le ragoût refroidir sur la table et monta se coucher le ventre creux et les nerfs en pelote. Il se coucha, essaya d'oublier la faim en comptant quelques moutons, mais rien à faire, cela lui rappelait le ragoût et le sommeil ne venait pas. Il se leva, descendit à la cuisine, prit un morceau de pain, le mâcha tristement puis, à peine rassasié, remonta se coucher. Il se mit au lit, recouvrit son corps maigre de l'édredon moelleux mais une fois allongé, il sentit comme une gêne dans le dos. Il ralluma la chandelle, tâta le matelas du plat de la main : « Tiens, une bosse. Elle n'y était pas tout à l'heure… » Surpris, affamé et ensommeillé, le brave homme passa plusieurs fois la main sur le drap gonflé d'une multitude de petites grosseurs en se demandant comment elles avaient bien pu pousser là en si peu de temps. « Je suis descendu et presque aussitôt remonté… »

Une idée surgit soudain ; il sauta du lit, souleva le matelas, passa la main dessous pour voir : il sentit quelque chose de métallique, pensa à ce qu'il pensait sans vouloir y croire, ramena le tout à la lumière pour en être sûr : les couverts !

« Comment sont-ils arrivés dans mon lit ? » songea-t-il tout bas.

« Qui les a mis ici », hurla-t-il tout haut !

« On se paie ma tête ! »

Un minuscule rire venait de fuser. Jean l'avait entendu, non, non, il n'était pas fou. Ses oreilles étaient toujours là (il les toucha toutes deux pour s'en assurer), un minuscule rire avait fusé, c'était certain.

Il entama une curieuse danse, il se mit à tourner sur lui-même pour s'assurer que personne ne se cachait dans son dos, il jeta un regard au plafond, un autre par terre, balança sa tête dans un mouvement continu, de haut en bas, puis de droite à gauche afin de balayer en permanence toute la pièce du regard.

Le tout petit rire le sauva d'un trop long ridicule. Jean se précipita à plat ventre sur le tapis, lança son regard scrutateur sous les meubles. L'arrêta à temps sous la commode de la grand-mère : son regard tomba sur une petite chose tremblante qu'il imagina être un rat. Il enleva sa pantoufle sans quitter des yeux le petit être paralysé par la peur, la prépara à un éventuel acte criminel. Il s'habituait progressivement à la pénombre qui régnait sous l'armoire. Il réalisa alors que ce qu'il regardait n'était pas un rat (il s'en convainquit grâce à la logique : un rat ne rit pas), mais un homme de très petite taille. Les contes de son enfance remontèrent à la surface de sa mémoire : il se trouvait en présence d'un lutin !

— Tu es un... lutin ?

— Un lutin ? Non mais tu te moques de moi ! Je suis un gobelin.

— Qu'est-ce que tu racontes, Gobelin c'est moi !

— Oui, tu es Jean Gobelin, moi je suis *un* gobelin, et ça fait une sacrée différence.

— Une différence de taille oui !

— C'est ça.

— Et qu'est-ce que tu me veux, petit gobelin ?

— Gobelin suffira.

— Pourquoi venir me chercher des noises chez moi, gobelin ?

— Parce que c'est l'hiver et qu'il fait meilleur chez toi que dehors.

— D'accord, mais pourquoi chez *moi* ?

— Parce que j'ai pensé qu'un homme qui avait le même nom que moi ne pouvait être foncièrement méchant...

— C'est que tu n'as pas encore tâté de la pantoufle...

Le gobelin méprisa cette remarque désobligeante.

— Et puis que je me sentirais chez toi comme chez moi, un peu comme si j'habitais chez un cousin...

— Et tu fais toujours de mauvaises plaisanteries à tes cousins ?

— Ah, toujours ! Sinon, je ne serais pas un gobelin.

— Eh bien tu aurais pu me demander mon avis avant de t'installer. Maintenant que je sais que tu es là, je ne vais plus pouvoir ni manger ni dormir tranquille !

— C'était déjà le cas avant que tu le saches.

— Comment ça ? Non, mais c'est qu'il cherche à m'embrouiller, ce diable-là ! Je suis chez moi, et j'entends le rester. Alors ouste, déguerpis !

Jean essaya de saisir le gobelin, mais sa main se referma sur du vent.

– Hi hi hi…

Le rire farceur du gobelin énerva tant Jean qu'il se recula dans un mouvement de colère et s'assomma à la commode. Le gobelin profita du calme pour dire quelques vérités :

— Vous autres, humains, vous vous croyez supérieurs parce que vous êtes plus grands, mais il y a tant de choses que vous ignorez.

— Comme quoi ?

— Comme rire. Prendre la vie du bon côté, s'amuser quoi !

— Mais la vie n'est pas drôle, il nous faut travailler dur pour gagner trois sous, se lever à l'aube tous les jours…

— Voilà, je parle de rire et tu me parles d'argent ! C'est exactement ça, vous ne pensez qu'à l'argent ! Gagner, compter, dépenser, voilà toute votre vie. Est-ce que tu penses que tu rigolerais plus si tu étais riche ?

— Ben, disons que j'aurais moins de raisons de me faire du mouron, alors, je pense que je me marrerais plus, oui.

— Bon, alors, je te propose un marché : tu me laisses habiter chez toi et en échange, je fais de toi un homme riche.

— Riche *et* célèbre.

— Riche *et* célèbre.

— Tope là.

La minuscule main du gobelin serra l'auriculaire de Gobelin. Le marché était scellé.

Cinq siècles et demi plus tard, le nom de Gobelin était encore célèbre. Jean, le fondateur de la dynastie, devint le meilleur teinturier de Paris. Lorsqu'il fixait le rouge sur l'écarlate, l'étoffe semblait saigner tant la couleur était vive et vivante. Sa réputation fut telle, que l'on dit que c'était uniquement grâce aux eaux de la Bièvre que ses teintures étaient éternelles. Plusieurs concurrents jaloux vinrent s'installer à proximité, sur les bords de la rivière enchantée. Mais les couleurs dont ils teignaient les étoffes étaient toujours plus ternes que celles de Jean Gobelin. Alors Gobelin vit les commandes affluer. Il dut s'agrandir. Il acheta quelques vieilles granges qui longeaient la rivière, les transforma en ateliers. Il mourut riche, le sourire aux lèvres.

Ses fils poursuivirent son œuvre : ils devinrent les propriétaires du quartier dans son entier, à tel point que les Parisiens ne l'appelèrent plus que « quartier des Gobelins ». Leurs descendants se firent même anoblir. L'un d'eux fut le malheureux époux de la marquise de Brinvilliers, particulièrement généreuse pour dispenser la poudre de succession. Elle faillit bien tacher le nom de la famille, mais ça, c'est une autre histoire.

Quant au secret des Gobelin, il fut bien gardé, jusqu'à aujourd'hui…

On a longtemps cru que les eaux de la Bièvre devaient leurs propriétés à l'urine humaine qui s'y déversait puisqu'en ce temps, les rivières faisaient, entre autres choses, office d'égouts. Rabelais s'inspira de cette croyance dans Pantagruel *en imaginant que la Bièvre était née du pissat d'une meute de chiens : « C'est celluy ruisseau qui, de présent, passe à Saint-Victor auquel Gobelin tainet l'escarlatte, pour la vertu spécifique de ces pisse-chiens. »*

Quant à la légende de Jean Gobelin, cette version est une interprétation très libre imaginée à partir d'un ou deux « on-dit ».

L'ARBRE DE MODIGLIANI

Le jeune peintre posa sa valise sur le quai de la gare. Montparnasse. Solitude dans la multitude qui le bouscule sans s'excuser, se déverse sans discontinuer vers la bouche béante de la sortie. Derrière, la ville. Paris.

Le jeune peintre attendit que la bande de béton grise se soit vidée pour prendre sa valise. La porter jusqu'à l'hôtel. « Une chambre s'il vous plaît. » Pas un sourire. Trop pauvre. Solitude encore. Rédiger l'annonce : « Jeune peintre cherche atelier. » Un numéro de téléphone, celui de l'hôtel. Tout son espoir dans ces deux ou trois affichettes posées au petit bonheur la chance. L'attente sur le lit défoncé par le poids des corps. Son corps à lui tendu dans l'attente de la sonnerie.

Une voix douce lui fixa rendez-vous « n° 9 rue Campagne-Première ».

Il avait emmené une amie, heureusement. Une petite dame brune leur ouvrit la porte qui donnait sur une cour et là, ils découvrirent un empilement d'ateliers, amas hétéroclite de béton et de verre soutenu par d'énormes poutres métalliques. « Le bâtiment date de l'Exposition universelle de 1900. »

Elle les guida jusqu'au sous-sol. « Voici l'atelier. » L'espoir du jeune peintre suffoqua, étouffé sous l'épaisseur de la moquette, pris au piège dans les tentures trop lourdes, dégoûté par l'extrême sophistication du lieu transformé en bureau. La déception cédant le pas à la colère, le jeune peintre s'excusa et sortit précipitamment.

Il courait sur le boulevard Montparnasse, aspirant l'air par la bouche comme pour faire taire les mots qui se pressaient pour sortir : « Un atelier transformé en lupanar de luxe… » Son amie le rattrapa, heureusement. « Tu n'auras pas deux fois cette chance… » Le jeune homme s'arrêta. Il l'écouta. « Tu as vu la verrière ? L'espace magnifique, le volume de la pièce ? » Non. Il avait vu seulement ce qu'il ne fallait pas voir.

Ils retournèrent rue Campagne-Première. La dame avait attendu. Elle excusa d'un sourire la fougue de ces vingt ans. Elle lui laissa l'atelier pour un prix dérisoire…

Le jeune peintre redonna à l'atelier l'aspect qu'il avait au début du siècle : nu. En enlevant les tentures vertes, il découvrit sous la verrière un fenestron. Une espèce de petite fenêtre fermée par deux volets de bois. Il monta sur un escabeau, tenta de les ouvrir. L'excitation qui s'était emparée de lui gênait ses doigts qui, maladroits, grattaient le bois sans arriver à le faire céder. Il descendit de l'escabeau, ramassa une petite spatule, remonta sur l'escabeau et avec le fin triangle de métal fit levier pour écarter les volets. Ils s'ouvrirent brusquement, libérant un spectacle auquel il ne s'attendait pas et qui faillit bien le faire choir de son perchoir : une peinture. Ou plutôt, un mur et sur ce mur, une multitude de taches de couleur qui, avec un peu de recul, donnait forme à deux personnages féminins enlacés. « Modigliani ». Le jeune peintre en était sûr, plus il regardait l'image, plus il en scrutait la touche, plus il se persuadait d'être en présence d'une œuvre du maître. « Il a probablement vécu ici, peint ici. Ce n'est donc pas un hasard… »

Les jours qui suivirent, le jeune peintre fit des rêves étranges. Le même personnage revenait à chaque fois. Un visage romain, un costume de velours côtelé, un foulard autour du cou, un chapeau à larges rebords. Il s'approchait de lui, se penchait comme pour lui dire un secret à l'oreille, mais dès qu'il ouvrait la bouche, il n'entendait plus rien, ne pouvait saisir les mots qu'il murmurait et dont il pressentait qu'ils étaient essentiels.

Le jeune peintre connaissait cette silhouette qui se penchait sur lui dans son sommeil. Ces rêves le poursuivaient le jour. Modigliani devint une obsession. Il se mit à déambuler de jour comme de nuit dans les rues de Montparnasse marchant sur ses traces. Il buvait au café de la Rotonde, dessinait sur les tables, réveillait les honnêtes gens en déclamant des vers de Dante. Il passait des heures au musée d'Art moderne à scruter ses toiles, se faisant jeter dehors par des gardiens exaspérés. Il se mit à boire, fumer, expérimenter diverses substances destinées à lui faire entrevoir de nouvelles dimensions esthétiques. Et surtout, il ne cessait de travailler. Il s'enfermait dans son atelier et peignait jusqu'à l'épuisement, cherchant la forme juste, la ligne essentielle, l'essence de l'art au plus profond de lui-même, ne parvenant jamais à la saisir tout à fait.

Une nuit, le jeune peintre se réveilla dans la petite cour de l'atelier de Modigliani, rue de la Grande-Chaumière. Il avait dû s'endormir et se laisser enfermer... qui sait ? Il se leva, le corps endolori d'avoir dormi sur le pavé. À la lueur froide jetée par la lune, il considéra pour la première fois avec attention l'arbre qui se tenait au centre de la cour. Élancé comme pour s'extraire de cet écrin grisâtre qui semblait l'étouffer. Les nœuds du tronc, la forme tourmentée de ses branches lui rappelèrent le mouvement des corps peints par Modigliani. « Je divague complètement... » Mais, au plus il regardait l'arbre, au plus le sentiment d'y voir l'incarnation de l'œuvre de l'artiste devenait fort, sûr, intangible.

Sa vue se brouilla, à travers le voile de larmes qui gênait son regard, il vit l'arbre s'animer, un trou dans le tronc dessina une bouche...

— Je deviens fou, pensa-t-il...
— C'est que tu es sur la bonne voie. Tu as déjà compris beaucoup de choses, jeune peintre.
— Mais, qui parle ?
— Peu importe, de toute façon tu n'y croirais pas. La raison a encore beaucoup trop d'emprise sur ton esprit.
— Vous me suggérez donc de devenir fou ?
— Qu'est-ce qu'un fou si ce n'est celui qui a sa propre raison ? Qui n'est pas la raison commune. Chacun de nous porte un masque, celui de *la* raison. Le rôle du peintre, ton

rôle à toi, est d'ôter le masque et de peindre l'âme de tes modèles.

— Je veux bien, mais comment ?

— Tu le découvriras par toi-même. Commence par oublier le monde, les devoirs qu'il te dicte et les droits qu'il t'octroie. Ne pense qu'à la peinture et à ton seul devoir : sauver ton rêve.

Au petit matin, le peintre se réveilla dans son lit au n° 9 rue Campagne-Première. Il ne sut jamais s'il avait rêvé ou vécu sa rencontre avec l'arbre. Ses amis ne l'avaient pas vu cette nuit-là mais ses vêtements étaient humides, preuve qu'il était bien sorti... Ce qui est sûr, c'est que sa peinture gagna beaucoup de la leçon de la nuit. Après sa mort, on dit de lui : « Il savait révéler la vérité intérieure. »

Cette histoire a été imaginée à partir d'anecdotes recueillies auprès de Jean-Claude Gerodez, peintre et sculpteur vivant *à Sorgues (Vaucluse).*

LA MORT DU GÉANT ISORÉ

La rue de la Tombe-Issoire perpétue le souvenir d'un combat mythique. Voilà mille ans que trouvères, poètes et conteurs le racontent. En vers ou en prose, en chanson ou non. Miniatures, vitraux et sculptures l'ont mis en image. Paris l'évoque sur l'un de ses murs ; au croisement de la rue de la Tombe-Issoire et de la rue Dareau. On y voyait encore, au XIIIe siècle, une dalle longue d'environ vingt pieds : une tombe en pierre à la taille démesurée. Elle ne pouvait que recouvrir le corps d'un géant, venu là, trouver la mort, en combat singulier...

Au petit jour, le soldat qui faisait sa ronde sur les remparts donna l'alerte. Le temps de courir au palais, une nuée de cavaliers avait envahi la plaine. Le roi et ses vassaux, pressés au rempart, n'en croyaient pas leurs yeux. On dirait plus tard que de mémoire d'homme, on n'avait jamais vu de si grande armée. « Les Sarrasins, les Sarrasins », les bouches ne sifflaient plus que ces mots, lourds de sens et de souvenirs.

Le roi Louis savait qui venait ainsi le narguer sur ses terres. Isoré, roi de Coimbre. Des espions lui avaient décrit sa fureur lorsque le Maure avait appris que Sinagos, son ami, son frère, avait été tué par un Français devant Palerme. Il se doutait que sa haine ne pouvait se nourrir que de vengeance. Les affaires du royaume avaient endormi sa vigilance.

Louis décréta l'état de siège. Il ordonna de fermer toutes les portes de l'enceinte : nul ne devait plus ni entrer, ni sortir de la ville, sous aucun prétexte. La cité vit bientôt une multitude de tentes rouges s'étendre à ses pieds. Les Sarrasins avaient mis le camp.

Après une nuit d'angoisse, Louis, les tripes nouées, rejoignit ses hommes au sommet des remparts. C'est le moment que choisit Isoré pour se montrer. Tous, sauf le roi, furent surpris par sa monstruosité. Géant plus qu'homme, il mesurait bien quinze pieds de hauteur, « trois fois la taille d'un homme normal », s'entendit-il prononcer. Un turban aux couleurs vives souligne l'éclat terrible des yeux d'Isoré quand il annonce d'une voix forte :

— Louis le lâche, envoie-moi donc l'un de tes barons pour un combat singulier...

Joignant le geste à la parole, il brandit au-dessus de sa tête une massue d'acier hérissée de pointes acérées, laissant présager le sort qu'il réserve au heaume de son éventuel adversaire.

— Si, avant la prochaine lune pleine, tu ne trouves pas d'adversaire à ma hauteur (là, le géant éclata d'un rire gargantuesque), je ne laisserais de ta ville rien d'autre que des cendres... et pas même une veuve pour pleurer la mort de ses fils.

Louis ne tient pas à en entendre davantage. Il réunit son Conseil au palais. Il sait que le Sarrasin est assez fou et suffisamment fort pour détruire Paris. Il sait aussi qu'aucun homme n'est assez fou ni suffisamment fort pour se mesurer au géant. Il demande à tout hasard si l'un de ses fidèles vassaux serait volontaire pour combattre le Maure, tente d'appâter l'assistance avec quelque château ou mariage. Non, aucun ne lève le petit doigt, tous semblent tout à coup terriblement absorbés par leurs bagues qu'ils triturent dans un sens puis dans l'autre.

Soudain, le roi s'exclame :

— Guillaume, Guillaume d'Orange, lui seul peut nous sauver !

Les barons approuvent vivement l'idée. L'un d'entre eux hasarde :

— Mais n'a-t-il pas été vaincu par les Sarrasins aux portes de Carcassonne ?

Les autres lui disent de se taire. Le roi rétorque :

— Oui, mais il a pris Orange au Maure Tiébaud.

L'assemblée acquiesce à grand renfort de hochements de têtes.

— Anseis, poursuit le roi, toi qui connais la région où s'est retiré Guillaume, pars à sa recherche, trouve-le et convaincs-le de venir au plus vite à Paris.

Anseis accepta volontiers. Il connaissait les faits d'armes de Guillaume, dit au Court-Nez après avoir reçu une glorieuse blessure à cet appendice qu'il avait depuis plus court que la moyenne. Il trouvait singulière l'histoire de ce noble couvert d'honneurs qui avait renoncé aux biens de ce monde pour vivre en ermite. Aussi avait-il hâte de le rencontrer. Le voyage lui permettrait également de faire halte dans son pays où il n'avait pas remis les pieds depuis des années : l'Auvergne. Le jeune chevalier prit la route immédiatement, non sans avoir déjoué avec intelligence l'attention des Sarrasins postés à toutes les portes de la ville.

L'attente du retour d'Anseis fut insoutenable. Tous les matins, Isoré venait à l'un des deux ponts séparant son camp de la cité. Là, il défiait les Français en combat singulier. Les injures jaillissaient inlassablement de sa bouche sans que personne n'ait le courage de lui répondre. Le roi, surtout, ne supportait plus ces provocations qui le visaient directement, risquaient de faire douter le peuple, réfléchir ses vassaux…

Après des jours sans qu'aucune nouvelle n'ait pu percer le camp des Sarrasins, Anseis revint. Il croyait, après avoir parcouru un grand nombre de contrées, avoir retrouvé la trace de Guillaume dans les Cévennes, à Gellone. Mais là, un vieillard sale et très maigre lui avait annoncé sa mort. À ces mots, Louis se sentit défaillir. Il demanda qu'on le laisse seul pour réfléchir. En réalité, il pleura. Il versa des larmes sur le héros mort, sur son peuple qui ne tarderait pas à le rejoindre outre-tombe et sur lui-même qui finirait probablement comme esclave au service d'Isoré…

Pendant que Louis le Débonnaire imagine déjà le pire pour la chrétienté, Guillaume traverse le pays à bride abattue. Tout le temps de la chevauchée, il pense au mensonge qu'il a fait au courageux chevalier venu à sa rencontre. Il a honte d'avoir répondu « Il est mort » au lieu de « Je viens » à cet homme épuisé mais plein d'espoir. Son âme se consume sous les assauts répétés des remords et de la honte. Il malmène sa monture, ne s'arrête dans aucune des auberges qu'il croise sur sa route. Affamé, il a failli tuer une colombe pour en faire son repas, mais au dernier moment, la beauté de l'oiseau a retenu son geste.

Un soir, il arrive à Paris par le chemin d'Orléans. Il évite la lueur des feux de camp ennemis et se présente à la première porte de la ville. Le guetteur, craignant l'espion sarrasin, lui refuse l'entrée : « Les ordres sont les ordres, désolé. » Louis n'a pas su espérer suffisamment pour nuancer la consigne. L'homme, touché par la triste mine de Guillaume, lui indique toutefois un abri pour la nuit.

Guillaume trouve sans peine la cabane dissimulée au fond du fossé d'enceinte : c'est la seule bâtisse rescapée des ravages des Barbares. Bernard des Fossés l'accueille avec un bon feu ; il lui explique que c'est l'avantage de son métier, il ne manque jamais de bois pour la bonne raison qu'il est tireur de bûches... « Mais pour le repas... — Voilà cent sous d'argent », rétorque Guillaume. Le brave homme s'en va en ville et ne tarde pas à revenir avec de quoi faire un repas digne d'un comte de Toulouse : chapon et perdrix, épices pour les agrémenter, pain et pommes pour les accompagner.

C'est là, depuis la paillasse pouilleuse de Bernard des Fossés (qui tient son nom du lieu où il logeait) que Guillaume est réveillé par les menaces matinales d'Isoré.

Il retire sa robe de bure et revêt son vieil équipement de guerre. Haubert à double tissu de mailles sur le corps, heaume en tête, bouclier au bras, épée au côté, coutelas dans la chausse, il va au-devant du géant.

Isoré, voyant Guillaume s'avancer vers lui, part d'un grand rire qui s'achève par :
— Je vois que Louis n'a pas osé se déplacer lui-même, il m'envoie l'une de ses puces…
— La grandeur n'est pas une question de taille ! répondit Guillaume d'une voix puissante, mais je ne suis pas sûr qu'une brute de ton espèce puisse saisir la nuance.
Les présentations faites, les deux adversaires marchent l'un contre l'autre. La massue du géant tournoie dangereusement. Guillaume, les sens aiguisés par le jeûne, l'esquive sans peine. Elle va se planter dans le sol marécageux à quelques pieds des siens. Isoré, furieux, tire son cimeterre de son fourreau richement ouvragé. D'un coup d'une violence inouïe, il perfore le bouclier du Français qui se retrouve projeté en arrière. La mauvaise posture de Guillaume laisse présager le pire. Le géant s'avance déjà le sourire du vainqueur aux lèvres pour lui asséner le coup fatal. Il lève son épée courbée, luisante du désir de tuer quand tout à coup, elle s'immobilise au-dessus de sa victime. Guillaume ouvre les yeux qu'il avait fermés dans une dernière prière : il voit qu'elle s'est exaucée. La colombe qu'il avait épargnée la veille a foncé sur le géant pour lui arracher les yeux. Le monstre se tord de douleur. Guillaume, en bon chrétien, abrège ses souffrances en lui coupant la tête. Il la fait porter à son

roi. Le turban coloré contraste cette fois avec la pâleur des yeux morts du géant.

Guillaume s'en retourne vers son désert en Provence. Voilà trop longtemps qu'il s'est éloigné des bruits du monde pour les entendre résonner trop fort, souvent faux, à ses oreilles. Il s'en retourne faire pénitence pour son crime. Dans l'azur du ciel, un point blanc veille sur lui.

Louis ordonna de faire dresser une tombe à la taille du géant sur le lieu du combat pour en perpétuer la mémoire. Après la mort de leur chef, les Barbares disparurent comme ils étaient venus, dans un nuage de poussière. Le roi regretta un temps de n'avoir pu remercier Guillaume, et surtout de n'avoir pas assisté au combat. Puis il oublia, de nouveau préoccupé par les affaires du royaume.

Cette légende s'appuierait sur la réalité d'un combat historique ayant eu lieu en 978 entre un soldat germanique de l'armée d'Otton II, venue assiéger Paris, et un guerrier d'Hugues Capet. L'identité de ce dernier n'a cessé d'exciter la curiosité des chroniqueurs, puis des historiens. Le Moniage Guillaume, *chanson de geste du XIIe siècle, en faisant de Guillaume d'Orange le sauveur de Paris, fait avancer d'un siècle dans la chronologie la mort d'Isoré...*

BICÊTRE EST MAUDIT

Il est des lieux maudits qui gardent la marque du mal à travers le temps. On a beau changer les pierres, les hommes, l'usage de la terre, l'empreinte du mal reste, indélébile. Bicêtre est un de ces lieux. Au début une lande de terre sèche et dure entre la porte d'Enfer et les Catacombes où jamais rien ne poussait.

À une époque, quelques fermiers ont bien essayé d'y construire une grange, mais le foin y pourrissait, les outils y rouillaient, et les bêtes qui y mettaient bas n'avortaient que de monstres. Devant un tel acharnement du mauvais sort, ils abandonnèrent la grange qui tomba vite en ruine. Seuls quelques êtres perdus s'y abritaient de temps en temps, mais pour une nuit de cauchemar, pas plus. Lorsque ces voyageurs égarés arrivaient à Paris, se jetaient dans la première auberge venue pour y retrouver un semblant d'humanité et y raconter leur histoire, ils s'entendaient dire :

— Pauvre malheureux ! Mais vous avez fait halte à la Grange-aux-Gueux ! Ne savez-vous pas que le lieu est hanté ! Personne n'y va plus depuis des lustres...

À cet instant, l'aubergiste ne manquait pas de se pencher et de chuchoter d'un air terrible :

— Cette grange, c'est la maison du diable !

Et de continuer d'une voix tonitruante pour faire trembler l'assistance :

— L'endroit le plus mal famé de Paris ! Plus d'un s'est laissé prendre au piège du démon qui s'ingénie à dissimuler les vieilles carrières abandonnées rien que pour le plaisir d'y voir chuter quelque imprudent. Et les nuits de pleine lune, des assemblées de sorcières s'y donnent rendez-vous pour leur sabbat.

Et se retournant vers le malheureux voyageur décomposé sur son banc :

— Un bon conseil : n'y remettez plus les pieds.

Qui sait qui, de l'ange gardien ou du mauvais diable de l'évêque Jean de Winchester, lui avait soufflé l'idée, mais un jour il l'eut pourtant : acheter la Grange-aux-Gueux pour y bâtir un château. Les optimistes verront là son désir de prouver que le Bien triomphe toujours. Les autres penseront sans doute qu'il était complètement taré.

Quoi qu'il en soit, c'est ce religieux sujet de la cour de Philippe Auguste qui est à l'origine de la réhabilitation de ce lieu maudit et de la fortune d'un barbier gascon.

Ce dernier avait à peine entamé son pichet de vin aromatisé qu'il vit débarquer dans l'auberge de tout à l'heure une demi-douzaine de moines qui avaient au moins besoin du même traitement pour retrouver leurs esprits. Il les écouta, tout en buvant, raconter comment ils s'étaient rendus à la Grange-aux-Gueux à la demande de l'évêque de Winchester pour la purifier. Comment ils avaient combattu un millier de diables, échappé aux flammes de l'enfer et finalement fui sous un jet de pierres incandescentes.

Le jeune Gascon ne put s'empêcher d'éclater de rire. Les moines et leur audience avinés se retournèrent. L'aubergiste bondit à sa table, trouvant là occasion de retrouver sa langue qu'il avait bien pendue et qui le démangeait depuis tout le temps du récit des moines. Il demanda au Gascon ce qui le faisait rire. Celui-ci répondit que les moines étaient des poltrons, que le diable n'existait pas et que s'il logeait à la Grange-aux-Gueux, il serait bien curieux de faire sa rencontre…

Les moines remercièrent secrètement le ciel d'avoir mis le jeune homme sur leur chemin. Ils poussèrent l'aubergiste qui recommençait son numéro en s'énervant, car cette fois l'auditeur était mort de rire, et chuchotèrent quelques mots à l'oreille du Gascon qui, retrouvant son sérieux, les suivit.

Ils se rendirent tout droit chez l'évêque. Celui-ci était en train de dîner mais, vu l'affaire dont il était question, s'interrompit, essuya sa bouche grasse et écouta la terrible histoire des pauvres religieux. À la fin, il demanda qui était l'homme qui les accompagnait.

— J'arrive tout droit de Gascogne, mon pays, et j'étais tranquillement attablé devant mon pichet de vin quand ces moinillons déboulèrent pour raconter leurs salades. J'ai pour habitude de parler franc, aussi je vous le dis comme je le pense : pour cent écus d'or, je suis votre homme.

— Très bien, j'accepte : j'aime les jeunes gens courageux. Mais il ne suffira pas de faire fuir l'actuel habitant de la grange. Ce qu'il me faut, c'est l'acte de propriété et à mon nom. Tu comprends ?

Le Gascon était loin d'être idiot. Son bon sens était une arme redoutable. Il passa la journée du lendemain dans les églises, non pas pour prier mais pour remplir des fioles d'eau bénite. Il s'équipa également d'un cierge et d'une solide besace pour y fourrer le tout. Le soir venu, il s'en alla vers la Grange-aux-Gueux.

Il arriva aux alentours de minuit dans la plaine déserte. Il distingua la forme plus sombre de la ruine. Il poussa la planche pourrie qui faisait office de porte et s'assit près de l'entrée. Il alluma sa bougie et attendit que le diable daigne se manifester.

Il devait s'être assoupi car quand il se réveilla, un être sec comme un bout de bois mort le fixait d'un regard sans fond. Le Gascon ne se laissa pas impressionner. Il lui dit comme s'ils se connaissaient depuis toujours :

— Alors, voilà l'affaire : je suis venu chercher le titre de propriété de cette grange. Il faudrait le mettre au nom de l'évêque Jean de Winchester.

— Qui es-tu pour oser me parler de la sorte ? dit l'être vêtu de rouge.

— Quelqu'un qui espère que cet entretien ne s'éternisera pas car j'ai connu des demeures plus hospitalières.

— Impatient et impertinent. Très bien. Tu connais la monnaie d'échange ?

— Mon âme je suppose ? De toute façon, c'est la seule chose que je possède. Mais vous l'aurez quand ma bougie sera entièrement consumée, pas avant.

— Tu veux toujours avoir le dernier mot, hein, petit Gascon ? ricana le diable en sortant d'on ne sait où l'acte de propriété au nom de Jean de Winchester.

Le jeune homme prit l'acte de propriété comme pour en vérifier le contenu. Il l'enferma en un tour de main dans une fiole d'eau bénite qu'il avait habilement sortie de sa besace pendant qu'il parlait. Le diable, furieux de s'être laissé doubler comme un bleu, faisait de grands bonds en avant pour tenter de saisir le flacon. Mais le Gascon était adroit : à chaque approche du Malin, il l'aspergeait d'eau bénite. Il le fit tant et si bien qu'à la fin le diable s'enfuit en fumée promettant vengeance.

Le Gascon s'en retourna riche au pays. Il ne tarda pas à se marier et le récit de ses exploits égaya bien des veillées.

La Grange-aux-Gueux rasée, l'évêque fit construire un magnifique château dont les fenêtres, et c'était une première en France, furent équipées de châssis de verre. Les Parisiens l'appelèrent château de « Vinchestre », puis « Bincestre » et finalement, le propriétaire oublié, « Bicêtre » (terme proche de « bissextre », soit le 29 février, jour jugé néfaste).

Quelques siècles plus tard, Louis XIV convertit Bicêtre en hôpital puis en asile. Malades, fous et tout ce que l'humanité ne peut supporter de considérer comme tels s'y succéda, à tel point que l'on considéra que Bicêtre était pire que l'enfer. Le diable avait eu sa revanche. Aujourd'hui, le parc de Montsouris ferait presque oublier que ce lieu fut maudit. Mais si quelque malaise vous prend, au détour d'une allée, ne vous y trompez pas, le mal est toujours là, qui rôde.

LE MOULIN DE LA VIERGE

Le Paris d'antan comptait de nombreux moulins à vent. Ils déployaient leurs ailes sur les hauteurs des Buttes-Chaumont, de Montmartre ou encore sur un amas de détritus et de gravats qui prit le nom de butte des Moulins. Au XVIIe siècle il n'en restait déjà plus qu'une trentaine. Ils disparurent peu à peu, démolis pour faire place à de nouvelles constructions ou reconvertis en guinguettes comme le fameux Moulin de la Galette que l'on peut encore voir à Montmartre. Mais revenons à une époque où les moulins n'étaient pas encore une attraction pour touristes. Au XIVe siècle, un meunier fit entrer son moulin dans la légende. On peut suivre ses pas si l'on emprunte la rue du Moulin-de-la-Vierge, dans le quartier de Plaisance, entre les rues Vercingétorix et d'Alésia.

Maître Simon se couchait le soir avec un seul espoir : que le vent se lève. Il se levait le matin pour connaître un seul regret : le vent ne s'était pas levé. Les éléments semblaient ligués contre lui tout comme les Anglais contre la France. Ils se déchaînaient au moment le moins propice et restaient silencieux lorsqu'il en attendait quelque chose. Il n'avait que faire de ce roi enfermé dans une tour à Londres. « Il n'avait qu'à pas se faire prendre à Poitiers. » Une seule chose le préoccupait : le vent.

Cela faisait des semaines que l'air restait immobile. Les créanciers, par contre, se défoulaient contre sa porte. Maître Simon faisait le sourd. Dès qu'il les voyait arriver, là-bas, sur le chemin de Vanves, il fermait sa porte et se terrait dans sa chambre en attendant que l'orage passe.

Le meunier n'était qu'à moitié croyant, mais un jour, désespéré, il se rendit dans la petite chapelle du couvent des Bernardines. À la vue d'une statue de la Vierge, les bras ouverts comme pour l'accueillir, le visage souriant comme pour l'encourager, il reprit espoir. « Elle a l'air si bonne, pensa-t-il, qu'elle aura sûrement pitié de moi. » Il pria longtemps puis des pensées moins sereines vinrent interrompre le cours des *Je vous salue Marie*. Le procureur qui menaçait de saisir son moulin. Les clients qui ne venaient plus lui apporter leur blé à moudre tant les délais étaient longs. Et puis, surtout, ce vent qui tardait à se lever alors qu'il avait vingt sacs qui attendaient d'être transformés en farine. Son dernier espoir, moudre ce blé et gagner quelques écus pour faire patienter les corbeaux.

Le meunier rentra chez lui le cœur un peu plus léger que d'habitude. Cela lui avait fait du bien de soulager sa peine auprès de la Vierge et il ne doutait pas que ses prières seraient entendues. Mais, le lendemain et les jours suivants, seuls les créanciers se firent entendre. Pas le moindre courant d'air pour faire grincer, siffler, tourner les ailes de son moulin. Maître Simon, accablé, se mit à maudire cette Vierge qui s'était moquée de lui. « Si Dieu se détourne de moi, faut-il donc que j'en appelle au diable ! » hurla-t-il, sous le coup de la colère.

Toc, toc, toc. « Un créancier, à cette heure ? » Le meunier, de sa fenêtre, se penche au-dehors pour voir qui frappe à sa porte. Il ne distingue personne. Il se retourne. Un homme extraordinairement beau est allongé sur son lit sans manifester la moindre gêne.

— Comment êtes-vous entré ?

— Mais par la porte, répond effrontément le personnage.

— Que voulez-vous ?

— Il me semble plutôt que c'est toi qui as besoin de quelque chose, non ? Allez, cesse donc de me regarder avec cet air ahuri et formule un souhait en bonne et due forme. Ce n'est plus la peine d'aller perdre ton temps à l'église... Demande-moi ce que tu veux, tu l'auras à la minute même.

— Vous êtes... le diable ! murmure le meunier soudainement inspiré.

— Ah ! enfin une parole intelligente dans ta bouche. Bon, allons à l'essentiel à présent, que veux-tu ?

— Du vent pour faire tourner mon moulin.

Aussitôt, la pièce se met à vibrer : ce sont les ailes du moulin qui se mettent en branle. Le meunier ouvre la fenêtre, pas la moindre brise ne s'est levée.

— Il ne tient qu'à toi qu'elles ne s'arrêtent plus de tourner. (Le diable tend un parchemin à Simon.) Signe et l'affaire est conclue.

Simon, ragaillardi par la joie d'entendre à nouveau son moulin tourner, se ressaisit.

— Eh là, doucement… J'ai besoin de quelques minutes pour réfléchir… Je sais ce que vous allez me demander en échange de ce service et c'est une décision qui ne doit pas se prendre à la légère. Je vais prendre l'air, ça me fera du bien. Je reviens dans cinq minutes.

Dès qu'il a posé le pied dehors, le meunier court vers le couvent, se signe à l'entrée de la chapelle et se jette aux pieds de la statue de la Vierge. Il lui expose son nouveau malheur :

— Que dois-je faire ? demande d'une voix suppliante Simon.

Soudain la statue s'anime. Son regard bienveillant se charge de courroux.

— Tu n'as pas eu la sagesse d'attendre un signe du ciel, Simon. À présent tu t'es engagé trop en avant avec le diable pour reculer. Retourne au moulin, fais ce qu'il te demande mais à ta façon…

Le meunier rentre chez lui persuadé qu'il ne tardera pas à griller en enfer. Le diable est toujours affalé sur son lit.

— Alors ? demande-t-il en bâillant.
— Finissons-en.

Maître Simon prend le pacte dans sa main gauche. Il trempe son index droit dans l'encrier et trace une croix au bas du parchemin. L'encre, mêlée à l'eau bénite que le meunier a encore sur les doigts, se métamorphose en substance qui consume le contrat satanique. Il s'enflamme et dans la fumée qui s'élève, le meunier distingue une forme humaine qui se déforme et se dissout, laissant une odeur de soufre.

Le diable, dans sa précipitation à disparaître, oublia de revenir sur l'ordre lancé au moulin. Ainsi, qu'il pleuve ou qu'il neige, qu'il vente ou non, les ailes du moulin de maître Simon ne cessèrent plus jamais de tourner. Pour remercier la Vierge pour son judicieux conseil, le meunier appela ce moulin qui faisait désormais sa fortune « le moulin de la Vierge ».

SAINT DENIS

C'est un vieillard épuisé que je vis s'avancer vers moi, courbé en deux sur un robuste bâton de bois noueux. La poussière des chemins d'Italie et de Gaule s'était incrustée sur les bords de la robe de bure qu'il portait, témoin d'une longue marche, entamée vingt ans plus tôt et qui prenait fin ce jour de l'an 250 où j'eus le privilège de faire sa connaissance.

Il présenta d'abord ses compagnons, Rustique et Eleuthère, puis dit s'appeler Denis. Je le fis entrer dans la maison. Les enfants étaient couchés, aussi est-ce en silence que nous fîmes notre premier repas. Après la prière, j'excusai le modeste plat de haricots. Il regarda ma femme, la remercia chaleureusement puis me sourit. Je remarquai alors la flamme dans son regard. Elle éclairait son visage tout entier et le faisait resplendir d'une jeunesse qui semblait éternelle. Je sentis monter en moi comme une vague de chaleur, de bien-être et de sécurité. Un mot s'imposa dans mon esprit : amour. Je sus à cet instant que Denis pourrait me demander n'importe quoi, comme les apôtres avec le Christ, je l'aiderai jusqu'au bout dans la mission : évangéliser Lutèce.

Après une nuit de repos, j'emmenai Denis et ses compagnons dans une ancienne carrière au sud de la ville. Ils cherchaient un lieu où dire la messe discrètement, sans que les autorités romaines ne puissent se douter qu'une nouvelle parole naissait, prendrait bientôt son essor pour subjuguer ensuite la foule d'idoles que l'on qualifierait plus tard de païennes. Le lieu leur rappela les catacombes abandonnées de leur Rome natale. Nous nous mîmes à prier, pensant au jour béni où les chrétiens cesseraient de se terrer comme des rats sous terre pour faire éclater la parole de Dieu au grand jour.

Mais un long chemin restait à parcourir. J'assemblai pour la première messe les amis que je savais sûrs ; ceux qui se rendaient au temple seulement pour éviter les ennuis et dont la foi en Mercure, Mars ou Jupiter était aussi frêle qu'un fil de soie. Dès que Denis prit la parole, la petite assemblée se tut. Tout d'abord timide, voire revêche, elle fit peu à peu cercle autour de celui qui parlait. Les visages se détendirent, quelques bouches s'ouvrirent, béates, comme pour mieux avaler les dires de l'orateur. L'histoire de Marie, Joseph et Jésus, pour commencer, des apôtres ensuite. Les valeurs à défendre, les commandements à suivre. Denis célébra la messe au petit jour. Il leur apprit les mots à dire, les gestes à faire, les chants et les prières. Il leur donna la communion et les baptisa. Chacun rentra chez soi, pressé de recommencer le dimanche suivant.

Chaque semaine, les fidèles étaient plus nombreux, plus enthousiastes. Mais pour Denis, cela n'allait pas assez vite. Il faut dire qu'il allait sur ses quatre-vingt-dix ans et qu'à cet âge-là, le temps est plus précieux qu'à vingt. Alors Denis décida de se rapprocher de Lutèce, de prêcher dans les rues, à proximité des marchés, là où la foule est dense et disponible. Et moi, je le suivis dans sa folie. Car c'était là un acte des plus imprudents : des bruits couraient murmurant que les prêtres païens, ayant remarqué une baisse de fréquentation des temples, avaient envoyé des espions pour assister aux messes données par Denis. Ils étaient tellement furieux devant le nombre de conversions qu'ils avaient dépêché des délégués à Rome pour demander l'intervention de l'empereur Domitien.

Ce qui les excitait surtout, c'est que les chrétiens commençaient à se montrer. Denis avait déjà fondé deux églises, celle de Saint-Étienne-du-Grès et celle de Saint-Benoît. Les prêtres romains savaient que s'ils n'arrêtaient pas le premier évêque de Paris, ils pourraient bientôt fermer leurs temples.

Au fil des jours, la tension montait. Denis avait déjà eu à essuyer les attaques des adorateurs des dieux romains. Mais l'ascendant de Denis sur les hommes était tel qu'aucun n'avait pu le frapper. Sous son regard, ils ne pouvaient que se prosterner à ses pieds ou fuir.

Malheureusement, Dieu avait décidé de mettre plus rudement à l'épreuve encore Denis. Je fus le témoin de toutes ses souffrances et c'est pour qu'elles ne soient pas perdues que vous pouvez lire ces lignes, quelquefois tachées de larmes, pour vous souvenir de ce saint à la foi inébranlable.

Le jour que Denis choisit pour prêcher au grand jour fut celui de l'entrée en ville du proconsul Sisinnius Fescennius.

Ses deux compagnons l'entouraient, à leur habitude. Moi, j'encourageais les gens à s'approcher. Une foule dense s'était assemblée autour de lui et écoutait, curieuse, cet homme pauvrement vêtu prononcer des paroles jamais entendues. Les femmes avaient posé leurs paniers, les hommes leurs fardeaux et quelques enfants s'étaient assis à ses pieds. Pour Denis, emporté par sa rhétorique, le temps s'était suspendu. Un bruit de pas cadencé lui fit reprendre son cours puis s'accélérer. Celui d'une légion romaine qui traversait le marché et arrivait droit sur nous.

À sa tête, un homme d'âge moyen, serré dans une cuirasse d'acier, suant et soufflant. Il se donnait un air digne, mais j'y vis tout de suite de la fierté, une fierté qui n'annonçait rien de bon. Il s'avança vers l'homme qui n'avait pas cessé de parler. Un silence de mort faisait résonner ses paroles. Il les écouta un instant, puis aboya :

— Je suis Sisinnius Fescennius, représentant de l'empereur Domitien. J'arrive de Rome et je suis à la recherche d'un chien de chrétien, un certain Denis. Et toi, misérable vieillard, qui es-tu ?

— Je suis l'homme que tu cherches.

Un geste du proconsul et une douzaine de soldats entourèrent Denis et le garrottèrent avec une grosse corde. Rustique et Eleuthère tentèrent de s'interposer ; les rustres leur firent subir le même traitement. Sans réfléchir, je frappai l'un d'entre eux : ils m'emmenèrent et ainsi je ne quittai pas mes compagnons.

Nous traversions Lutèce, ma chère ville, et à chaque pas je pensais que je ne la reverrais peut-être pas. Je devinais les murs des arènes et pensais à ces heures de joie et d'excitation passées sur leurs gradins, le rire et la peur des enfants. Devant les thermes, j'imaginais le corps de ma femme à travers les vapeurs du bain, doux et chaud. Et les soirées passées à discuter sur le forum.

Soudain, j'aperçus les piliers massifs du temple de Jupiter et la statue démesurée du dieu. Je sus que l'on nous emmenait à la *carcer Glaucini*, à l'extrémité amont de l'île. À peine entrés dans les murs humides et froids de la prison, l'attitude des soldats changea, comme si ce lieu soustrait au regard du monde leur permettait enfin de libérer leur haine. En échangeant nos cordes par de lourds fers, ils n'hésitèrent pas à nous rudoyer, à nous gifler et à nous cracher au visage. Ils nous emmenèrent ensuite dans une salle non moins accueillante : le tribunal.

Nous nous retrouvâmes face à Sisinnius, qui nous avait quittés un peu plus tôt devant le temple. Il rayonnait maintenant, heureux d'avoir sa proie à sa merci, fier d'avoir accompli sa mission avec zèle. Il ordonna à Denis d'approcher.

— Reconnais-tu les dieux de Rome : Jupiter, Mars et Mercure, Minerve, Apollon et Diane ?

— Je ne connais qu'un seul Dieu, le Dieu unique, mon Dieu : Yahvé.

— Vieux fou, tu ne sais pas ce qu'il en coûte à ceux qui ne se soumettent pas à l'empereur !

— Ma foi me donnera la force d'endurer toutes les souffrances, et si c'est pour la défendre, chaque douleur me rapprochera un peu plus de mon Dieu.

Entendant cela, Sisinnius éclata d'un rire jaune. Il se tourna vers Rustique et Eleuthère et reposa sa question. Il entendit la même réponse. Quand ce fut à mon tour de répondre, la peur m'avait quitté. Je m'entendis prononcer, comme Denis quelques instants plus tôt :

— Je ne connais qu'un seul Dieu, le Dieu unique, mon Dieu : Yahvé.

Sisinnius avait retrouvé tout son sérieux. Il appela ses soldats et leur dit :

— Ces chrétiens sont comme les chiens, ils ne comprennent la voix de leur maître que si on les maltraite. Déshabillez-les et fouettez-les jusqu'à ce qu'ils n'aient plus de peau sur le dos.

Ce qui fut dit fut fait. Les soldats nous attachèrent nus, sur des planches et nous flagellèrent jusqu'à ce que nous perdions connaissance. Je me réveillai le lendemain aux côtés de mes compagnons : les prières nous aidèrent à supporter notre douleur. Denis me sourit et je repris courage. Je ne savais pas encore que le pire était de ce monde.

Les soldats nous amenèrent une nouvelle fois devant Sisinnius. Il nous demanda de nouveau de reconnaître les dieux romains et de renier notre foi chrétienne. Devant notre refus, le préfet entra dans une colère noire. Il décida de concentrer toute sa haine sur Denis, car il savait que s'il arrivait à le faire céder, nous ne résisterions plus longtemps.

Je ne puis décrire dans le détail ce qui survint par la suite : la douleur est trop grande, mais il faut le dire pourtant… Denis fut torturé sous nos yeux pendant plus d'une semaine. Il fut étendu nu sur un gril brûlant, jeté dans une fosse avec des bêtes affamées, enfermé dans une fournaise et finalement attaché à une croix.

De retour dans notre cellule, il prononçait des paroles d'encouragement, il nous disait qu'il fallait tenir. Nous voyant pleurer, il décida de dire une messe, pour nous rendre plus fort. Nous étions nombreux maintenant car Sisinnius avait ordonné que tous les chrétiens fussent arrêtés, aussi venaient-ils chaque jour grossir le nombre de prisonniers. Au moment de l'hostie (en réalité du pain rassis bénit par Denis), une clarté nous aveugla tous. Je priai avec plus de ferveur encore et me sentis enveloppé d'une présence rassurante, une force nouvelle monta en moi. La sève semblait avoir fait son effet sur mes compagnons également. Denis paraissait moins souffrir de ses blessures.

Le pire était encore à venir. Sisinnius nous condamna tous quatre à être décapités sur le mont de Mercure. La marche était longue et je voyais le pas de Denis se faire plus lourd à mesure que le chemin se déroulait sous nos pieds. Les légionnaires ne cessaient de le tourmenter de toutes les façons. Arrivés à mi-pente de la butte, n'y tenant plus, ils le prirent à part et sur une pierre du chemin lui tranchèrent la tête. Rustique et Eleuthère allaient s'élancer pour soutenir son corps quand nous vîmes Denis se relever, comme auréolé de lumière, prendre sa tête dans ses mains et se diriger vers une source afin d'y laver son cou. Nous le suivîmes incrédules, deux lieues durant. Il s'arrêta devant la maison d'une femme qui dit s'appeler Catulla. Il lui tendit sa tête, qu'elle prit sans surprise, comme avertie, puis s'effondra.

La plus totale confusion régna dès lors, les légionnaires avaient relâché leur vigilance. Je vis Rustique et Eleuthère tenter de s'échapper. Aussitôt, les soldats retrouvèrent leurs réflexes de bêtes entraînées au combat. Ils se jetèrent sur mes deux amis et les décapitèrent sauvagement. Je sentis une main me tirer en arrière : c'était Catulla. Elle m'aida à m'enfuir, me cacha et me protégea jusqu'à ce que le prévôt Sisinius eût d'autres proies plus attrayantes à chasser qu'un pauvre chrétien.

Catulla soudoya habilement les soldats chargés de jeter les corps dans la Seine et ensevelit les précieuses dépouilles dans son jardin. Quand les temps furent plus cléments, je l'aidai à bâtir une chapelle dédiée à Denis. C'est là que je trouvais la force, chaque fois que le courage m'abandonnait, de continuer la mission commencée par Denis, évangéliser Lutèce, ma chère ville. C'est là aussi que j'eus l'idée d'écrire notre histoire, celle de Denis.

Le village de Catulla prit le nom de Catulliacum et plus tard de Saint-Denis. Sur la tombe de Denis, on construisit un oratoire, grâce à sainte Geneviève, puis une église, sur ordre de Dagobert, et enfin l'actuelle basilique Saint-Denis.

Le mont Mercure sur lequel Denis fut décapité deviendra le mont des Martyrs puis, par déformations successives, Montmartre. La source à laquelle le saint lava son cou souillé deviendra la fontaine Saint-Denis et sera réputée pour avoir une eau aux vertus innombrables. Elle connut un succès égal jusqu'au début du XIXe siècle, époque où elle fut engloutie dans l'effondrement d'une carrière souterraine.

L'AMOUR D'UN TROUBADOUR

Le bois de Boulogne n'a pas toujours été le refuge des belles de nuit. Il y a longtemps, ses arbres ne s'alignaient pas en allées mais se serraient, touffus, pour former ce que l'on appelait la forêt de Rouvray. Le lieu avait déjà mauvaise réputation ; tout ce que la ville comptait de vil, de malhonnête et de sournois semblait se donner rendez-vous dans ses épaisseurs discrètes et arborées pour y fomenter quelque mauvais coup. Les Parisiens, mis en garde depuis leur plus jeune âge, ne s'y aventuraient qu'en nombre et sérieusement armés. Surtout, aucun d'eux n'avait l'imprudence d'y pénétrer la nuit... Seuls les étrangers, voyageurs innocents ou inconscients, s'y risquaient à leurs dépens. Catelan était de ceux-là...

Arnaud Catelan n'a qu'un maître : l'Amour. Il a quitté la brillante cour du comte de Provence pour suivre les élans de son cœur. Il a pris la route pour retrouver celle dont l'absence est un fardeau trop lourd à porter. Il part, son destrier chargé de coffres en bois précieux, pour rejoindre sa dame : Marguerite de Provence.

Les chemins de Provence s'ouvrent sur ceux du royaume des Francs. Sur cette nouvelle terre, malgré lui, Catelan se sent étranger. Il se raccroche au souvenir de la jeune fille au nom de fleur pour se donner du courage. Il respire les parfums de la nature printanière, si proches et déjà différents du bouquet provençal. Alors, seulement, Catelan trouve l'inspiration, redevient lui-même, un troubadour. Sa voix s'élève, insolite dans le silence du paysage :

> Desirat ai, enquer desir
> E voil ades mais desirar
> Que tener ma dona e baisar
> E luec on m'en pogues jausir !
> Qu'eu l'am e dic ço que dir déi.
> E dels cinc non m'entendon tréi,
> Anz diran : « Ben vos es esprés ! »

> *J'ai désiré, je désire encore*
> *et je veux toujours désirer davantage*
> *plutôt que d'obtenir de ma dame*
> *de la serrer dans mes bras*
> *et l'embrasser en un lieu*
> *où d'elle je pourrais tirer grand plaisir.*
> *Car je l'aime et je dis ce que je dois dire.*
> *Trois sur cinq ne me comprennent pas*
> *mais diront : « Vous êtes bien épris ! »*

Brûlant de désir dans sa robe de velours, Catelan doit faire halte à une source pour rafraîchir ses ardeurs. Le cours du ruisseau semble lui refléter celui de sa vie, fidèle à ses rives mais tumultueux sous la surface. Le départ de Marguerite pour Paris en a précipité le débit. Elle, qu'il a vue d'année en année s'épanouir pour devenir la plus aimable des femmes, marchandée comme de la volaille pour être mariée au roi des Français. Que va devenir la jeune Provençale, dont la vie n'a jusqu'ici été rythmée que par les jeux et les réjouissances, aux côtés d'un Louis si sobre qu'on le surnomme déjà le « saint » ?

Catelan reprend la route. Tout au long de sa chevauchée qui voit s'effiler les jours puis les semaines, il pense à elle. Il compose lais et chansons en souvenir des veillées animées, des tournois chevaleresques et des moments d'intimité si rares et si précieux. Dans ses vers, il se fait une place à ses côtés, aux pieds de celle auprès de qui il aime le plus chanter.

Soudain, le ciel se couvre. L'hiver semble faire une embardée dans le ciel de mai. Catelan se protège tant bien que mal de la pluie, il quitte la route pour s'abriter sous le feuillage épais d'un bois. De la lisière, il lui semble distinguer le mur d'enceinte de la ville : Paris. L'averse se prolonge. Le troubadour s'enfonce dans la forêt, là où les arbres sont si denses que l'on ne voit plus le ciel. Arnaud est au sec mais les riches habits qu'il a revêtus pour retrouver Marguerite sont trempés. Il grelotte, prend conscience qu'il fait très sombre en cet endroit de la forêt, que ce n'est peut-être pas prudent de… Trop tard : le coup est venu de derrière.

Le coup de gourdin a fait choir Arnaud Catelan de son cheval. Sa tête s'est fracassée sur la racine saillante de l'arbre sous lequel il était venu s'abriter. Les voleurs fouillent le cadavre, éventrent les coffres et, comme ils étaient venus, disparaissent. Ils ont laissé sur le sol un butin inutile à leurs yeux de brutes : quelques feuilles de parchemin couvertes de vers et des fioles de parfum. Plusieurs flacons brisés laissent échapper les essences destinées à Marguerite. Mimosa, lavande et thym se mêlent un instant à l'odeur de pourriture du sous-bois avant de se dissiper dans les airs, accompagnant dans son ascension l'âme du troubadour Arnaud Catelan.

Marguerite de Provence, inconsolable de la mort de son cher troubadour, fit ériger une croix en pierre sur les lieux du crime. On l'appelle encore « la Croix Catelan ».

L'auteur du poème cité, Desirat ai, enquer desir, *est Peire Cardenal, troubadour fameux du XIIIe siècle.*

POSTFACE

On dit Paris pauvre en légendes. Un vide apparent. Comme si la capitale, friande de modernité, soucieuse d'être à l'avant-garde, avait négligé ses traditions. Certes, ses monuments prestigieux, ses murs chargés d'Histoire, témoignent de la richesse de son passé. Mais il s'agit du passé des « grands », des rois, des puissants, qui ont marqué dans la pierre leur passage dans la ville. Leur histoire à eux, on les trouve dans les manuels. Elle est écrite et peu critique. Elle ne semblait pas avoir sa place dans un recueil de légendes. Mais, en y regardant de plus près, les « petites gens » ont su se réapproprier cette Histoire qu'ils voyaient se faire. En retenant les anecdotes, ces choses qui ne s'écrivent pas, mais se disent et se répètent, enflent et deviennent des légendes (comme l'épisode du bal des Ardents ou le scandale de la tour de Nesle).

Il y a aussi les légendes dont la fabrication a été encouragée par l'Église. Adoptées par le peuple, aide-à-la-foi des pauvres et des malheureux, les légendes des saints (Denis, Geneviève, Marcel mais aussi Éloi, Séverin, Marine, etc.), les guérisons miraculeuses, les reliques miraculeuses, les fontaines miraculeuses ont empli les églises et fidélisé les fidèles. Elles sont innombrables, je n'ai retenu que les plus importantes : celle de Geneviève, patronne de Paris, de Denis, évangélisateur de la cité, et de Marcel qui débarrassa la ville du mal en terrassant le dragon.

En fouillant un peu, en grattant le vernis, des êtres légendaires font leur apparition. Le géant Isoré, le moine bourru ou l'Homme rouge, par exemple, sont des personnages proprement parisiens. Mais à les voir terroriser une ville et ses habitants, on ne peut s'empêcher de leur trouver un air de famille avec leurs cousins de province ou de l'étranger, d'autres géants, d'autres croquemitaines ou fantômes ayant hanté les rêves de générations d'enfants plus ou moins grands.

Et puis, il y a toutes ces histoires que l'on appellerait « faits divers » aujourd'hui. Les héros n'en sont pas, ils sont banalement humains mais un jour leur destin bascule et l'on retient leur histoire, on la raconte, on la déforme, elle devient une légende populaire. Souvent, le désespoir les conduit aux franges de la raison : ils font appel à l'inconcevable ; diable, Vierge, magie ou mort, autant de chemins pour trouver le bonheur ?

La vie de quelques-uns dépasse la fiction, elle est légende en elle-même. Que l'on songe à Héloïse et Abélard, Cartouche, Mata Hari ou Modigliani. Autant de Parisiens devenus personnages qui ont foulé aux pieds les règles de la société et que l'on a célébrés pour cela. Ils fascinent toujours pour avoir eu ce courage que nous n'avons pas.

J'ai tenté de comprendre pourquoi Paris n'a pas la richesse d'un folklore breton, normand ou provençal, esquissé quelques hypothèses.

Peut-être la faute incombe-t-elle à Haussmann, qui, au XIXe siècle, en repoussant dans les faubourgs le peuple du centre-ville, dans sa volonté de nettoyer les ruelles tortueuses, longtemps boueuses, toujours grouillantes, du vieux Paris par peur de l'insécurité, a pour un temps perturbé le processus de transmission orale ?

Peut-être doit-on en chercher la raison dans le cosmopolitisme de la ville. Paris, mosaïque de traditions. Provinciaux et étrangers en s'installant perpétuent probablement le folklore de leur région ou de leur pays.

Avec la modernité, le processus de transmission a muté. Les légendes urbaines circulent plus vite que jamais grâce à l'Internet, les faits divers sont transmis quasi instantanément au pays dans son entier *via* la télévision. Alors, laissons-leur le temps de se poser, de se patiner un peu avec les siècles avant de devenir de « véritables légendes ». En attendant de les fixer sur le papier, nous pouvons toujours écouter les conteurs dont la voix reste la plus belle fabrique de légendes.

BIBLIOGRAPHIE

La Bible du hibou, Henri Gougaud, Seuil, 1993.

Chroniques et légendes des rues de Paris, Édouard Fournier, éditions C. Dentu, 1893.

Contes du vieux Paris, Pierre Jalabert, coll. « Folklore », Fernand Lanore Éditeur, 1954.

Contes et légendes de Paris et de Montmartre, Ch. Quinel et A. de Montgon, « Collection des contes et légendes de tous les pays », Fernand Nathan, 1962.

Contes, récits et légendes des pays de France, tome IV, Claude Seignolle, Omnibus, 1997.

Contes traditionnels d'Île-de-France, Bertrand Solet, éditions Milan, 1993.

Dictionnaire historique des rues de Paris, Jacques Hillairet, Éditions de Minuit, 9e édition, 1993.

Énigmes des rues de Paris, Édouard Fournier, éditions C. Dentu, nouvelle édition, 1892.

Folklore et curiosités du vieux Paris, Paul-Yves Sébillot, Maisonneuve & Larose, 2002.

Guide de Paris mystérieux, François Caradec et Jean-Robert Masson (sous la direction de), coll. « Les Guides noirs », Éditions Tchou/Sand, nouvelle édition, 2001.

Histoire et recherches des antiquités de la ville de Paris, 3 tomes, Henri Sauval, 1722, Minkoff Reprint, Genève, 1973.

Histoire de Paris, Yvan Combeau, coll. « Que sais-je ? », PUF, 3e édition, 2001.

Histoire secrète de Paris, tome I, Georges Bordonove, Albin Michel, 1980.

Légendes, récits et complaintes populaires d'Île-de-France, Guy Martignon, Sides, 2001.

Légendes du vieux Paris, Amédée de Ponthieu, Librairie Bachelin-Deflorenne, Paris, 1867.

Légendes et récits de Paris, Jacqueline Mirande, coll. « Contes et légendes », Nathan, 1985.

Mystères de l'histoire de Paris, Alfred Fierro, Parigramme/Compagnie parisienne du livre, 2000.

Paris : 2000 ans d'histoire, Jean Favier, Fayard, 1997.

Paris dans les récits historiques et légendaires du IXe au XIIe siècle, Roger Dion, Arrault et Cie, Maîtres imprimeurs à Tours, 1949.

Paris, ses rues et ses fantômes, André Rigaud, éditions Berger-Levrault, 1972.

Singularités de Paris, René Héron de Villefosse, Grasset, 1940.

*Composé par Nord-Compo
à Villeneuve-d'Ascq*

Achevé d'imprimer par
l'imprimerie Hérissey à Évreux
N° d'éditeur : 4362.01.04.05.03
N° d'impression : 94830
Dépôt légal : mai 2003
ISBN : 2.7373.3002.5

Imprimé en France